BESTACTIVITYBOOKS.COM

PREMIERE ÉDITION

Dépôt légal, 2022

Illustration Graphique Extra: www.freepik.com
Merci à Alekksall, Starline, Pch.vector, Rawpixel.com, Vectorpocket, Dgim-studio, Upklyak, Macrovector, Stockgiu, Pikisuperstar & Freepik.com Designers

5 ASTUCES POUR DÉMARRER !

1) COMMENT RÉSOUDRE LES MOTS MÊLÉS

Les puzzles sont dans un format classique :

- Les mots sont cachés sans espaces, tirets, ...
- Orientation : Les mots peuvent être écrits en avant, en arrière, vers le haut, vers le bas ou en diagonale (ils peuvent être inversés).
- Les mots peuvent se chevaucher ou se croiser.

2) UN APPRENTISSAGE ACTIF

Un espace est prévu à côté de chaque mots pour noter la traduction. Pour favoriser un apprentissage actif un **DICTIONNAIRE** à la fin de cette édition vous permettra de vérifier et étendre vos connaissances. Cherchez et notez les traductions, trouvez-les dans le Puzzle et ajoutez-les à votre vocabulaire !

3) MARQUEZ LES MOTS

Vous pouvez inventer votre propre système de marquage. Peut-être en utilisez-vous déjà un ? Sinon, vous pourriez, par exemple, marquer les mots qui ont été difficiles à trouver d'une croix, ceux que vous avez aimés d'une étoile, les mots nouveaux d'un triangle, les mots rares d'un diamant, etc...

4) STRUCTUREZ VOTRE APPRENTISSAGE

Cette édition vous offre un **CARNET DE NOTES** très pratique à la fin du livre. En vacances ou en voyage ou à la maison, vous pouvez facilement organiser vos nouvelles connaissances sans avoir besoin d'un second bloc-notes !

5) VOUS AVEZ FINI TOUTES LES GRILLES ?

Allez à la section bonus **CHALLENGE FINAL** pour trouver un jeu gratuit à la fin de cette édition !

Simple et Rapide ! Découvrez notre collection de livres d'activités pour votre prochain moment de détente et **d'apprentissage**, à juste un clic de distance !

Trouvez votre prochain défi sur :

BestActivityBooks.com/MonProchainLivre

À vos marques, prêts... Partez !

Saviez-vous qu'il existe environ 7 000 langues différentes dans le monde ? Les mots sont précieux.

Nous aimons les langues et avons travaillé dur pour créer les livres de la plus haute qualité pour vous. Nos ingrédients ?

Une sélection des thématiques d'apprentissage adaptée, trois belles parts de divertissement, puis nous ajoutons une cuillère de mots difficiles et une pincée de mots rares. Nous les servons avec soin et un maximum de plaisir pour vous permettre de résoudre les meilleurs jeux de mots mêlés qui soient et d'apprendre en vous amusant !

Votre avis est essentiel. Vous pouvez participer activement au succès de ce livre en nous laissant un commentaire. Nous aimerions vraiment savoir ce que vous avez préféré dans cette édition !

Voici un lien rapide qui vous mènera à la page d'évaluation de vos commandes :

BestBooksActivity.com/Avis50

Merci pour votre aide et amusez-vous bien !

De la part de toute l'équipe

1 - Adjectifs #2

C	Y	K	G	N	I	E	P	R	O	U	D	I	S	H
D	R	À	M	A	À	J	A	O	M	K	V	N	A	D
J	Ù	Y	T	H	A	D	I	Ì	L	H	N	N	L	N
Y	T	P	A	T	B	F	A	F	T	Y	A	T	T	G
E	R	E	Q	I	E	L	Q	R	I	G	A	I	Y	G
T	I	E	C	H	A	Y	D	S	R	P	O	N	C	D
N	O	L	Z	B	A	H	H	M	P	A	F	N	T	N
I	H	S	E	A	F	H	C	A	R	G	A	E	R	F
À	T	N	A	G	E	L	E	I	P	F	A	A	W	U
L	A	A	I	N	M	E	I	L	A	H	S	C	I	A
S	G	S	T	R	O	N	G	A	G	H	W	H	V	R
C	R	U	T	H	A	C	H	A	I	L	D	K	G	I
D	E	S	C	R	I	P	T	I	V	E	W	A	K	P
C	U	M	H	A	C	H	D	R	N	T	B	R	I	J
F	Z	H	Y	O	R	O	Y	D	B	O	E	B	I	F

FÌOR
AINMEIL
CRUTHACHAIL
DESCRIPTIVE
GA THOIRT
DRÀMA
ELEGANT
PROUD
STRONG
INNTINNEACH
NÀDARRA
ÙR
A BHITH A
CUMHACHD
EILE.
FREAGRACH
SLÀINTE
SALTY
FIADHAICH
SLEEPY

2 - Formes

A	D	W	Z	C	I	P	K	C	A	V	S	L	O	S
V	N	R	F	N	N	A	E	C	O	N	T	I	I	F
X	H	B	O	A	T	R	V	Z	G	N	Z	N	S	Q
Y	F	E	L	L	A	C	R	A	E	C	E	E	E	G
V	U	N	A	L	K	Y	U	I	U	A	S	F	A	H
S	I	S	V	A	M	J	C	Y	X	O	P	Q	N	W
C	I	P	O	M	G	M	V	Q	R	F	I	B	O	H
K	U	O	N	O	P	R	I	S	M	T	L	J	G	Y
L	I	B	L	I	H	U	Y	B	R	R	L	G	Y	P
I	B	X	E	A	M	C	S	D	O	I	E	F	L	E
X	Z	Q	N	Y	N	T	X	C	F	A	Z	G	O	R
P	A	W	L	F	U	D	P	C	V	N	N	S	P	B
P	B	W	G	O	O	R	A	M	U	T	T	W	Q	O
P	Y	R	A	M	I	D	F	I	X	A	N	O	H	L
T	B	U	A	T	X	D	D	G	R	N	Y	K	H	A

ARC
IOMALLAN
CEANN
CEARCALL
OISEAN
CURVE
CONE
TAOBH
CUBE
SIOLANDAIR
ELLIPSE
HYPERBOLA
LINE
OVAL
POLYGON
PRISM
PYRAMID
TRIANTAN

3 - Adjectifs #1

Q	O	H	V	L	R	G	T	F	K	W	J	X	G	R
T	T	Y	V	A	E	H	N	H	Z	J	J	K	U	F
G	A	N	S	O	Y	F	N	Ì	I	R	T	Y	M	K
F	R	E	G	I	K	S	H	F	O	N	Z	T	A	W
Y	R	O	O	D	A	P	Z	I	F	M	Ò	G	T	Z
E	A	C	I	H	Q	L	E	W	A	I	H	M	H	F
N	I	H	N	C	C	I	M	A	K	P	T	A	R	K
M	N	I	N	A	Y	A	P	C	H	U	I	D	C	K
Ò	G	O	E	T	D	M	E	H	O	N	E	S	T	H
R	I	N	I	R	Y	U	E	H	L	O	K	D	C	C
F	C	T	L	A	Z	E	D	L	D	Z	U	X	E	M
W	H	A	J	H	G	F	G	D	Z	I	K	M	F	O
J	E	C	U	D	M	O	L	A	D	H	Ò	A	R	B
S	O	H	C	A	M	O	R	D	U	C	S	B	E	R
N	B	M	A	R	O	M	A	T	I	C	A	W	P	Y

GU MATH
GNÌOMHACH
ADHARTACH
AROMATIC
TARRAINGICHE
BÒIDHEACH
MOLADH
MÒR
SGOINNEIL
CHUID
HONEST
CUDROMACH
NEO-CHIONTACH
ÒG
LAOIDH
HEAVY
THIN
PERFECT
DEEP
FEUMAIL

4 - Instruments de Musique

C	F	B	S	G	I	Z	G	M	A	P	J	D	C	M
T	L	A	A	K	B	Y	E	Z	I	I	G	Y	L	A
A	E	A	R	S	C	J	G	Q	M	A	I	U	À	N
M	M	P	R	A	S	F	L	Ù	R	N	O	F	R	D
B	A	K	L	I	I	O	S	V	F	O	T	D	S	O
A	R	V	D	B	N	M	O	N	L	M	À	K	A	L
I	I	G	C	R	C	E	G	N	O	G	R	N	C	I
R	M	P	T	M	F	A	T	L	S	J	R	N	H	N
I	B	A	D	J	V	S	N	I	L	O	I	V	S	J
N	A	S	J	L	U	S	A	C	S	A	F	O	N	D
T	R	U	M	P	E	T	P	C	K	B	K	P	H	G
N	O	W	U	S	J	T	M	E	I	N	I	J	J	O
A	T	U	R	W	R	A	O	L	M	G	S	C	I	B
F	V	O	D	Q	X	Q	R	L	B	A	N	J	O	O
E	T	C	V	T	F	O	T	O	W	K	J	R	P	E

BANJO
BASSOON
CLARINET
FLÙR
GONG
GIOTÀR
CLÀRSACH
OBOE
MANDOLIN
MARIMBA
FARAIM
PIANO
SACSAFON
DRUM
TAMBAIRIN
TROMPAN
TRUMPET
VIOLIN
CELLO

5 - Herboristerie

F	S	A	B	L	E	N	N	E	F	Y	J	R	O	Q
X	L	R	T	A	M	J	O	S	V	E	J	W	R	G
D	L	O	C	O	Y	E	F	G	X	L	T	Z	E	M
I	K	M	C	I	H	J	L	N	A	S	W	E	G	E
H	J	A	A	D	T	P	A	G	U	R	E	Y	A	A
F	I	T	J	H	A	O	V	M	W	A	R	R	N	C
E	N	I	A	U	D	S	O	F	I	P	R	A	O	A
I	F	C	O	V	N	S	R	L	O	N	T	M	T	N
C	U	L	I	N	A	R	Y	Ù	S	H	T	E	X	D
B	Z	G	A	R	D	E	N	R	W	J	O	S	O	U
W	A	F	E	A	R	C	I	U	I	L	J	O	R	B
C	C	S	K	R	M	O	F	F	E	Q	R	R	Z	H
N	M	M	I	S	A	F	F	R	O	N	K	D	E	C
G	S	B	I	L	L	C	À	I	L	E	A	C	H	D
I	N	G	R	E	D	I	E	N	T	M	X	D	Y	B

AROMATIC
BASIL
FEAR-CIUIL
CULINARY
TARRAGON
FENNEL
FLÙR
INGREDIENT
GARDEN
LAOIDH
MEACAN-DUBH
MINT
OREGANO
PARSLEY
CÀILEACHD
ROSEMARY
SAFFRON
FLAVOR
THYME
UAINE

6 - Photographie

C	L	L	M	T	L	N	I	W	F	D	F	F	Z	D
U	U	È	Ì	N	E	J	Z	G	R	E	R	Z	U	A
N	P	I	N	G	A	X	P	U	È	A	U	C	E	R
N	S	R	E	Y	S	D	T	B	A	L	F	O	D	K
A	O	S	A	H	Z	U	H	U	M	B	C	M	A	N
R	L	I	C	A	V	N	O	Q	R	H	A	H	T	E
T	A	N	H	G	I	U	N	R	U	E	M	R	H	S
J	S	N	A	M	M	J	G	K	M	T	A	A	B	S
S	W	O	D	A	H	S	G	M	I	C	R	D	Y	Z
A	R	T	H	M	Q	B	H	H	A	O	A	H	C	H
C	Q	F	U	T	V	H	U	T	H	R	J	H	A	E
V	L	T	T	P	M	D	H	D	A	L	L	A	E	S
L	V	S	Z	A	H	B	U	F	L	Y	W	P	G	M
F	O	I	R	M	E	X	V	H	L	H	O	O	M	C
T	A	I	S	B	E	A	N	A	D	H	K	E	E	P

FRÈAM
CAMARA
COMHRADH
CUNNART
DATH
MÌNEACHADH
TAISBEANADH
SOLAS
FOIRM

DUBH
NÌ
DARKNESS
SHADOWS
SEALLADH
DEALBH
URNUIGH
TEXTURE
LÈIRSINN

7 - Véhicules

T	L	R	I	A	T	P	O	C	A	E	L	I	E	H
M	Q	À	I	F	D	I	A	C	O	R	T	Y	Y	D
C	J	C	Q	E	V	H	S	C	O	O	T	E	R	I
T	P	W	T	R	N	D	B	J	C	R	F	L	T	A
I	I	X	C	R	I	I	W	R	N	T	A	T	R	S
R	E	R	O	Y	Q	A	H	S	A	S	R	T	A	C
B	T	N	E	U	M	R	N	S	F	N	B	U	C	A
W	À	C	U	S	B	À	S	U	C	E	N	H	T	T
U	V	T	J	Z	P	L	G	B	W	O	P	S	A	D
S	T	D	A	C	F	D	Y	M	T	Z	Z	A	R	Y
P	B	U	S	B	C	H	W	A	N	Z	H	J	T	B
K	U	M	B	S	E	K	P	R	P	P	R	L	X	R
C	A	R	A	V	A	N	O	I	D	Y	W	Z	I	P
S	U	B	W	A	Y	J	J	N	K	B	Y	W	U	I
R	O	T	H	A	I	R	U	E	T	R	È	A	N	W

ADHBRANN
BÀTA
BUS
LÀRAIDH
CARAVAN
FERRY
ROCAID
HEILEACOPTAIR
SUBWAY
CO
SHUTTLE
TIRES
RAFT
SCOOTER
SUBMARINE
TACSAIDH
TRACTAR
TRÈAN
ROTHAIR
CÀR

8 - Camping

I	N	A	P	A	H	M	A	R	I	A	B	B	U	X
B	L	I	N	J	F	O	T	U	J	A	P	X	R	G
Y	Z	N	I	B	A	C	E	T	A	W	D	Q	N	W
Q	X	M	E	C	V	I	N	A	P	E	J	W	U	M
X	U	E	O	N	A	C	T	N	J	M	E	A	I	L
G	L	A	E	S	I	F	O	R	E	S	T	R	G	A
I	N	C	K	S	H	E	M	O	I	R	E	D	H	O
O	Q	H	D	Y	B	A	T	G	N	L	L	À	F	I
M	W	A	M	O	O	N	M	H	E	G	E	N	R	D
R	I	D	U	B	F	O	M	M	R	Ò	P	A	L	H
A	Q	H	K	L	O	K	P	D	O	K	O	C	A	F
D	I	K	H	X	J	P	R	O	R	C	H	H	K	M
H	O	C	G	E	D	G	K	X	I	U	K	D	E	Y
E	I	M	I	T	C	Q	P	Y	B	M	D	J	N	P
D	O	S	H	C	P	E	Q	G	G	B	H	H	U	T

AINMEACHADH
DÀNACHD
IOMRADH
CABIN
CANOE
AIR A ' MHAPA
AD
SEALG
RÒP
URNUIGH
TEINE
FOREST
HAMMOCK
DH'
LAKE
LAOIDH
MOON
MOIRE
NATUR
TENT

9 - Géométrie

H	N	À	L	U	L	E	O	H	M	C	E	I	O	K
F	R	I	P	R	R	N	S	P	M	C	I	G	O	L
A	P	R	A	N	B	A	X	Z	G	E	O	I	Y	L
S	G	D	X	U	S	T	D	Y	P	À	Z	C	H	A
L	Y	E	Y	I	S	N	T	Q	G	R	Z	B	C	C
S	T	M	R	G	E	A	S	P	Y	N	C	R	A	R
E	I	K	M	H	D	I	R	I	Ò	E	H	T	R	A
M	D	W	V	E	V	R	U	C	X	P	N	G	A	E
P	D	W	A	B	T	T	R	A	N	C	L	O	E	C
P	L	E	L	L	A	R	A	P	D	U	E	M	H	G
À	I	R	E	A	M	H	Y	U	A	R	F	A	G	X
E	T	R	A	S	T	T	H	O	M	H	A	S	N	H
C	A	L	C	U	L	A	T	I	O	N	G	H	I	N
C	Ò	M	H	N	A	R	D	E	T	S	J	F	X	M
Z	Y	X	D	W	M	E	A	D	H	A	N	A	N	T

CEÀRN
CALCULATION
CEANN
CEARCALL
CURVE
TRAST-THOMHAS
MEUD
ÀIRDE
CÒMHNARD
LOGIC
TOMAD
MEADHANAN
ÀIREAMH
PARALLEL
URNUIGH
SYMMETRY
THEÒIRIDH
TRIANTAN
INGHEARACH

10 - Les Médias

S	G	S	Z	Y	W	Y	E	I	L	O	C	P	Q	D
I	N	V	O	X	Z	W	E	T	I	Z	U	B	N	E
N	Ì	L	B	E	A	C	H	D	A	N	L	U	S	A
N	O	G	U	A	W	F	A	N	D	V	S	A	E	S
T	M	C	H	Q	H	M	U	O	A	Y	Z	L	X	A
L	H	O	D	H	C	A	E	B	N	N	U	M	O	C
E	A	N	A	C	A	O	A	D	O	A	Q	Z	D	H
A	C	A	H	A	T	I	R	G	I	I	I	S	E	A
C	H	L	C	L	A	N	N	A	X	V	I	R	A	D
H	A	T	A	B	E	P	O	G	D	O	U	F	L	H
D	S	R	R	O	S	Y	Ì	T	M	I	K	N	B	Y
A	D	A	S	P	D	A	L	K	O	Q	O	P	H	U
I	U	D	O	W	I	F	O	G	H	L	A	M	A	O
L	J	H	I	C	D	I	R	I	S	E	A	N	N	K
F	P	L	F	A	I	R	L	O	I	D	H	N	E	P

BEACHDAN
COMUNN
CONALTRADH
AIR-LOIDHNE
DEASACHADH
FOGHLAM
FIOSRACHADH
MAOIN
AONAIR
GNÌOMHACHAS
INNTLEACHDAIL
IONADAIL
IRISEAN
DIDSEATACH
BEACHD
DEALBHAN
POBLACH
RADIO
LÌONRA

11 - Philanthropie

B	B	I	J	W	D	D	I	A	R	A	C	Z	Q	S
G	U	Q	Y	W	W	H	F	O	C	N	S	G	D	P
E	D	I	O	I	O	L	N	P	N	L	U	Q	N	R
N	Ù	X	D	I	Q	C	C	A	T	M	A	J	X	I
E	B	J	F	H	T	M	U	D	M	U	H	N	Q	O
R	H	U	R	O	N	I	G	S	A	E	J	A	N	C
O	A	D	B	P	X	E	A	A	O	F	Q	R	S	A
S	L	A	J	S	D	W	A	Z	I	J	G	O	C	N
I	A	O	Y	V	Z	F	E	N	N	I	U	R	C	T
T	N	I	T	P	W	P	R	Ò	G	R	A	M	A	N
Y	K	N	N	I	A	G	U	H	T	S	O	I	F	M
T	S	E	U	R	N	A	I	G	H	E	V	V	M	K
J	U	B	B	Y	M	Q	G	P	O	B	L	A	C	H
E	A	C	H	D	R	A	I	D	H	Q	V	Y	R	X
O	T	T	J	W	B	U	Z	V	O	U	G	U	K	I

FEUM
SPRIOCAN
CARAID
FIOS THUGAINN
DÙBHALAN
CLANN
IONMHAS
MAOIN
GENEROSITY
CRUINNE
BUIDHNEAN
EACHDRAIDH
URNAIGH
DAOINE
ORAN
PRÒGRAMAN
POBLACH

12 - Diplomatie

R	Y	K	P	T	R	A	E	C	Z	L	M	U	B	C
S	A	L	Ò	E	S	U	E	B	È	O	W	R	Z	O
F	H	N	D	R	R	Y	V	H	S	I	Q	N	G	M
S	U	T	N	I	I	G	U	D	J	R	N	A	C	H
F	M	O	F	S	S	G	G	A	K	T	X	I	A	A
R	A	S	Z	G	A	V	S	L	O	S	P	G	T	I
E	N	G	D	I	F	C	M	H	J	H	W	H	H	R
A	I	A	W	T	J	A	H	G	U	M	R	V	A	L
G	T	I	N	I	B	E	E	A	H	Ò	C	T	R	E
A	A	R	B	L	U	F	S	I	D	C	W	D	R	C
I	R	E	A	I	B	F	W	R	F	H	E	W	A	Ò
R	I	O	V	O	D	È	A	N	A	M	H	A	E	M
T	A	E	F	P	E	M	B	A	S	S	Y	P	L	H
F	N	M	C	O	O	B	R	A	C	H	A	D	H	L
S	H	A	O	R	A	N	A	I	C	H	P	W	D	A

EMBASSY
TOSGAIRE
SHAORANAICH
CATHARRA
CÒMHSTRI
COMHAIRLE
CO-OBRACHADH
IS
URNAIGH
BEUS-EÒLAS

CÈIN
RIAGHLADH
HUMANITARIAN
CEART
POILITIGS
RANNSACHADH
DÈANAMH
FREAGAIRT
CÒMHLA

13 - Astronomie

T	N	M	A	Z	G	X	R	C	X	Z	E	F	R	C
Y	E	E	N	C	C	R	È	Q	O	G	R	X	T	O
A	B	T	T	R	G	S	I	A	N	S	E	G	Q	N
F	U	E	A	Ì	A	C	D	N	I	Z	M	X	A	S
D	L	O	L	O	L	Y	I	Z	U	H	O	O	F	T
S	A	R	A	N	A	E	D	Z	Q	M	N	A	S	E
P	T	B	M	A	X	D	H	S	E	O	O	S	U	L
W	A	E	H	D	Y	T	E	O	Y	Ì	R	T	R	L
Q	S	N	P	H	D	I	A	C	O	R	T	E	N	A
T	O	S	A	H	C	G	C	H	M	P	S	R	U	T
I	T	P	W	L	E	V	H	K	O	S	A	O	I	I
I	T	D	Y	Q	A	N	D	U	O	X	V	I	G	O
K	A	J	K	N	P	N	S	F	N	Z	I	D	H	N
O	B	S	E	R	V	A	T	O	R	Y	K	S	T	I
G	X	P	L	A	N	E	T	W	K	R	Y	D	X	W

ASTEROID
PRÌOMH
ASTRONOMER
SKY
CONSTELLATION
COSMOS
CRÌONADH
EQUINOX
ROCAID
GALAXY
MOON
METEOR
NEBULA
OBSERVATORY
PLANET
RÈIDIDHEACHD
PANALAN
STEPHENS
AN TALAMH
URNUIGH

14 - Physique

S	U	F	A	V	M	E	P	C	H	M	E	L	C	P
J	G	R	D	T	X	F	S	M	M	A	V	B	H	J
Z	A	V	N	E	O	N	H	Z	F	G	Q	F	D	B
X	S	D	C	U	T	M	O	N	A	N	X	C	A	H
J	Q	T	F	B	I	N	B	O	K	E	V	H	H	D
G	N	Q	C	Q	B	G	D	R	A	T	P	E	G	I
X	C	A	K	W	M	T	H	T	A	I	G	M	U	O
N	I	U	C	L	A	S	A	C	H	S	R	I	E	A
E	I	N	N	S	E	A	N	E	K	M	A	C	L	L
M	O	L	A	D	H	M	J	L	W	G	V	A	I	A
D	L	E	A	S	N	A	S	E	B	H	I	L	D	H
A	M	M	E	C	H	A	N	I	C	S	T	S	V	B
M	B	F	R	E	Q	U	E	N	C	Y	Y	D	R	A
O	B	U	Z	D	M	O	L	E	C	U	L	E	F	I
T	N	A	G	A	O	I	T	H	E	J	N	H	Q	D

URNUIGH
ATOM
LEUGHADH
CHEMICAL
DLEASNAS
MOLADH
ELECTRON
DIABHAL
FREQUENCY
GAS
GRAVITY
MAGNETISM
TOMAD
MECHANICS
MOLECULE
EINNSEAN
NIUCLASACH
FAD
LAOIDH
NA GAOITHE

15 - Types de Cheveux

M	S	A	L	G	H	X	V	F	N	S	S	P	H	G
M	O	B	X	P	D	F	A	D	X	E	K	Y	Z	O
N	F	I	T	T	S	C	O	A	P	Z	S	X	J	I
E	T	H	T	A	D	M	M	K	L	C	B	N	Q	R
T	I	U	G	H	B	U	D	X	A	C	V	J	Q	I
Q	A	P	R	Q	D	F	A	X	F	E	T	K	E	D
P	L	E	A	T	A	C	H	L	W	O	E	S	A	I
G	F	L	T	Z	E	E	B	P	X	U	T	H	P	T
C	X	M	C	O	C	C	R	O	S	N	N	I	H	T
D	U	L	I	J	J	D	A	V	I	J	I	N	Ì	M
W	U	R	D	V	B	I	I	R	W	O	À	Y	O	O
P	W	A	L	A	E	G	D	L	Z	O	L	L	G	D
M	W	L	A	S	P	N	K	F	L	W	S	R	C	J
V	F	B	B	P	G	U	Y	X	X	M	X	U	W	Y
K	X	U	R	X	F	N	G	G	S	D	O	C	N	K

GEAL
BLAR
CURLS
SHINY
BALD
DATHTE
GOIRID
SOFT
TIUGH
CURLY
GLAS
MÌN
FAD
DONN
THIN
DUBH
MFU
SLÀINTE
BRAID
PLEATACH

16 - Archéologie

F	J	C	B	L	I	A	D	H	N	A	Z	N	Q	B
R	X	N	N	M	R	F	U	I	G	H	I	L	L	C
W	R	À	S	R	U	U	H	Y	P	G	C	U	Y	I
A	A	M	Y	Z	A	M	D	W	M	I	S	O	F	V
M	N	H	T	I	M	Y	A	A	O	A	R	L	C	I
E	N	A	G	M	I	S	S	S	N	U	K	M	X	L
N	S	N	R	P	G	T	A	S	G	I	O	B	A	I
B	A	B	C	Q	G	E	E	U	O	J	D	X	X	S
V	C	I	L	E	R	R	M	H	R	D	X	C	T	A
F	H	X	X	U	T	Y	C	K	C	N	T	S	B	T
O	A	T	E	M	P	L	E	H	Q	I	U	A	K	I
D	D	F	O	R	G	O	T	T	E	N	A	I	G	O
J	H	D	E	S	C	E	N	D	A	N	T	L	G	N
F	O	S	S	I	L	F	Q	S	M	Y	X	Z	Ò	H
M	I	O	N	S	G	R	Ù	D	A	D	H	N	E	E

MION-SGRÙDADH
BLIADHNA
RANNSACHADH
CIVILISATION
DESCENDANT
EÒLAICHE
SGIOBA
MEASADH
FOSSIL

FUIGHILL
URNUIGH
MYSTERY
RUDAN
CNÀMHAN
FORGOTTEN
RELIC
TEMPLE
UAIGH

17 - Mammifères

L	S	S	A	Y	R	A	W	S	I	J	R	N	G	L
I	Ù	B	R	S	F	C	N	V	T	S	A	S	O	E
O	C	V	Z	U	I	O	H	N	I	U	B	F	R	L
N	X	O	F	K	X	O	R	W	G	Q	B	J	I	E
P	C	Y	Y	G	L	R	R	A	E	B	I	Z	L	P
L	G	L	R	O	U	W	F	A	R	X	T	Y	L	H
S	W	A	R	T	T	I	N	T	F	L	O	W	A	A
O	X	O	D	G	G	E	M	O	N	K	E	Y	R	N
G	G	F	L	N	E	A	K	D	J	X	X	N	B	T
M	H	A	R	A	R	X	E	A	C	H	P	I	E	F
K	A	N	G	A	R	O	O	L	L	F	F	H	Z	C
Z	V	F	B	Y	C	F	P	L	L	V	N	P	L	E
P	W	N	N	Q	A	B	T	U	K	I	R	L	G	M
B	P	E	H	C	T	V	S	B	W	F	U	O	Z	S
I	B	U	W	E	W	O	D	P	L	M	X	D	K	W

- MHARA
CAT
EACH
CÙ
COYOTE
DOLPHIN
ELEPHANT
SIORAF
GORILLA
KANGAROO
RABBIT
LION
WOLF
DUILLEAG
BEAR
FOX
MONKEY
BULL
TIGER
ZEBRA

18 - Sports

P	R	X	R	E	P	H	P	B	T	W	S	R	J	W
P	Q	Q	O	T	Q	D	M	W	H	W	K	È	P	I
G	X	U	T	S	E	I	H	T	Z	F	L	I	O	G
C	E	A	H	N	R	A	I	E	V	T	U	T	K	I
T	Z	M	A	B	J	C	H	N	I	C	Q	E	E	N
B	D	U	I	P	D	O	D	R	S	R	F	A	U	A
A	A	I	R	I	N	H	I	I	E	G	E	R	H	F
T	S	S	C	I	T	S	A	N	M	Y	G	A	M	R
H	A	A	E	W	X	E	H	O	F	H	A	A	D	B
L	U	N	M	B	T	B	G	V	B	J	F	L	D	H
E	L	M	U	S	A	R	A	H	T	A	H	T	P	Q
T	G	Y	S	G	Y	L	T	S	G	I	O	B	A	J
E	N	G	V	P	Q	H	L	T	E	A	N	A	S	D
E	D	Z	C	H	A	M	P	I	O	N	S	H	I	P
N	G	E	A	M	A	C	O	I	D	S	E	I	G	A

RÈITEAR
ATHLETE
BASEBALL
THATHAR
CHAMPIONSHIP
COIDSE
SGIOBA
TAGHAIDH
GOILF
GYMNASIUM
GYMNASTICS
HOCAIDH
GEAMA
PLAYER
GLUASAD
DHEIREADH
TEANAS
ROTHAIR

19 - Chocolat

B	Q	K	E	B	C	H	K	P	M	F	Z	J	H	C
L	Q	H	T	N	A	D	I	X	O	I	T	N	A	O
A	Y	P	S	O	L	A	E	B	H	R	X	P	I	C
S	V	V	L	I	O	L	E	C	L	C	P	D	E	O
T	S	K	S	T	R	O	V	A	L	F	A	H	E	N
A	S	Q	K	R	I	M	B	L	P	B	Q	C	E	U
E	H	B	G	L	E	M	A	R	A	C	P	A	A	T
S	W	E	E	T	S	T	T	B	L	A	S	E	D	O
E	A	R	P	T	F	Y	T	S	O	X	G	L	Y	V
E	V	A	I	S	L	O	R	I	C	J	N	I	Y	W
Y	J	Q	C	W	W	Y	Q	L	B	F	B	À	Z	N
Z	U	P	E	A	N	U	T	S	L	O	X	C	C	O
O	M	Z	R	I	N	G	R	E	D	I	E	N	T	Z
J	P	S	I	Ù	C	A	I	R	H	I	I	E	J	J
D	C	S	H	M	G	M	R	R	Z	Y	Q	M	Y	W

BITTER
ANTIOXIDANT
COLA
PEANUTS
CACAO
CALORIES
CARAMEL
BLASTA
SWEET
MOLADH
BLAS
INGREDIENT
COCONUT
JUMP
CÀILEACHD
RECIPE
FLAVOR
SIÙCAIR

20 - Sport

B	U	V	W	S	R	Ò	P	S	M	J	M	Z	D	K
R	E	K	G	M	W	L	R	L	E	O	A	O	A	D
X	S	A	M	O	C	I	Ò	À	T	G	X	Y	I	I
Q	D	T	T	T	P	N	G	I	A	G	I	D	T	D
A	I	I	O	H	V	U	R	N	B	I	M	M	H	X
Q	O	N	S	S	A	M	A	T	O	N	I	U	E	B
V	C	H	S	I	Y	C	M	E	L	G	S	S	A	C
A	L	D	O	T	L	R	H	H	I	R	E	C	D	S
B	T	N	L	R	F	U	D	A	C	A	D	L	G	K
U	S	H	J	T	V	I	A	W	D	G	A	E	P	Z
Q	L	G	L	C	M	T	R	U	H	H	N	S	U	J
E	K	M	Y	E	E	R	H	L	C	T	N	M	D	J
A	N	X	Y	Y	T	A	M	G	O	T	S	G	L	H
O	L	Z	N	E	N	E	O	I	I	E	A	W	B	X
C	N	À	M	H	A	N	C	T	R	Q	T	L	Q	R

ATHLETE
COMAS
COMHRADH
RIOCHD
DANNSA
DAITHEAD
COIDSE
NEART
JOGGING
MAXIMISE
METABOLIC
MUSCLES
BEATHACHADH
AMAS
CNÀMHAN
PRÒGRAM
SLÀINTE
SPÒRS

21 - Restaurant #2

B	L	S	W	C	E	K	R	E	T	I	A	W	A	G
U	A	D	P	P	K	D	K	Q	D	V	A	Z	M	H
I	O	E	U	O	R	Z	C	E	E	B	L	S	A	L
L	I	O	I	R	O	D	E	I	G	H	N	E	G	A
E	D	C	G	A	J	N	G	P	T	S	M	L	J	S
A	H	H	H	E	Q	X	S	N	F	X	H	D	I	R
N	E	L	E	N	J	L	I	Z	G	N	M	O	E	A
N	A	Ò	A	N	G	C	U	J	A	Y	X	O	E	I
Q	N	N	N	Ì	X	R	G	I	T	B	Y	N	B	C
S	H	I	E	D	R	L	I	Ù	S	H	K	A	Y	H
C	M	J	W	N	M	E	A	S	A	N	Q	X	Q	D
È	S	A	L	A	N	N	G	H	L	Q	V	C	J	J
I	D	Q	R	A	J	S	B	Q	B	P	H	G	W	Y
C	T	I	B	A	V	B	I	P	Y	O	Z	W	A	A
C	A	T	H	R	A	I	C	H	E	V	G	L	C	O

DEOCH
CATHRAICHE
SPOON
LÒN
BLASTA
AN DÌNNEAR
UISGE
LAOIDHEAN
GOBHAL
MEASAN
CÈIC
DEIGH
GHLASRAICH
NOODLES
UIGHEAN
IASG
BUILEANN
SALANN
WAITER
SÙIL

22 - Couleurs

N	R	E	W	H	:	G	C	S	D	D	E	R	P	E
B	U	U	U	W	Q	S	Y	F	U	O	N	C	U	M
B	E	I	G	E	V	N	A	O	B	N	E	P	R	A
B	R	C	E	L	X	I	G	I	H	N	T	L	P	I
J	O	T	V	E	E	A	R	L	D	E	B	E	A	D
U	F	V	S	J	W	R	R	K	A	H	W	E	I	È
F	A	G	O	R	M	O	W	O	I	S	E	W	D	A
Y	I	I	G	E	A	L	I	A	P	K	N	A	H	N
D	S	O	N	Q	H	I	I	Y	E	P	Q	L	N	T
V	H	U	D	E	O	G	Z	Z	S	M	L	N	O	A
U	C	N	A	Y	L	A	N	N	J	O	Q	B	X	A
Z	U	C	A	P	B	U	I	D	H	E	H	B	Y	N
M	F	U	R	I	N	L	O	H	B	W	A	Q	S	N
L	E	E	F	N	S	P	E	U	R	G	H	O	R	M
J	X	K	H	K	D	P	T	C	F	W	M	B	F	N

SPEUR-GHORM
BEIGE
GEAL
GORM
: SAIDHEAN
FUCHSIA
GLAS
BUIDHE
MAIDÈANTA ANN
DONN
DUBH
ORAINS
PINK
RED
SEPIA
UAINE
PURPAIDH

23 - Beauté

M	Ì	N	A	E	S	I	E	H	B	R	I	E	S	M
G	B	V	Q	C	D	I	E	L	E	G	A	N	T	C
M	A	S	C	A	R	A	S	R	O	S	S	I	C	S
B	C	C	I	Q	W	Y	E	H	I	E	J	N	G	O
A	U	I	N	K	K	E	C	N	A	R	G	A	R	F
T	R	T	E	A	H	T	G	M	L	M	L	U	G	Y
H	L	E	G	Y	D	S	U	F	U	G	P	K	B	J
A	S	M	O	T	Y	I	Z	R	W	R	E	O	R	S
R	X	S	T	M	O	L	A	D	H	A	L	D	O	K
J	N	O	O	G	U	Y	R	G	C	C	E	A	N	I
C	T	C	H	E	M	T	C	W	U	E	G	T	J	N
Q	K	X	P	P	P	S	H	F	E	R	A	H	O	T
B	O	G	V	U	Z	P	A	M	Q	I	N	Y	P	N
B	C	M	S	Y	Z	U	R	J	K	R	C	K	D	Y
Z	S	N	F	E	M	V	M	L	V	S	E	J	Q	A

CURLS
CHARM
SCISSORS
COSMETICS
DATH
ELEGANCE
ELEGANT
GRACE
MÌN
MASCARA
MOLADH
FRAGRANCE
SKIN
PHOTOGENIC
BATHAR
RI
SEIRBHEISEAN
SHAMPOO
STYLIST

24 - Avions

H	Y	D	R	O	G	E	N	H	A	N	X	F	I	L
Q	H	N	D	H	D	I	A	R	D	H	C	A	E	B
B	A	L	L	O	O	N	Y	V	H	T	M	E	U	Y
C	R	E	W	V	O	P	J	V	A	O	Q	D	L	K
P	U	A	H	M	A	L	A	T	I	M	Y	S	F	O
H	V	P	N	K	U	L	Y	L	R	L	E	W	X	F
A	S	N	A	À	F	P	T	I	N	F	L	A	T	E
D	N	I	U	S	R	G	N	I	L	R	I	U	T	C
I	R	U	I	F	S	D	A	C	T	R	L	V	E	O
T	O	G	A	I	L	E	B	Y	E	U	I	R	P	N
H	N	Q	C	Z	I	D	N	H	S	L	D	C	Ì	N
Z	V	A	N	Q	C	R	R	G	A	T	H	E	L	A
N	A	E	S	N	N	I	E	S	E	I	J	L	E	D
Q	M	S	C	F	C	À	U	K	C	R	L	L	A	H
D	À	N	A	C	H	D	Y	Y	W	C	Y	E	T	S

ADHAIR
ALTITUDE
AN ÀRD-BHAILE
TALAMH
DÀNACHD
BALLOON
CONNADH
SKY
TOGAIL
TUIRLING
CREW
INFLATE
ÀIRDE
EACHDRAIDH
HYDROGEN
EINNSEAN
PASSENGER
PÌLEAT

25 - Aventure

R	D	D	J	B	H	D	Z	D	A	J	O	Y	C	L
Z	S	M	I	J	I	G	Q	C	Z	P	W	Z	L	F
I	T	I	N	E	R	A	R	Y	X	B	W	Q	E	B
C	I	E	C	R	T	P	S	C	O	R	U	T	A	N
Q	E	L	W	J	R	A	G	X	V	F	Ù	J	S	O
C	H	E	A	N	N	U	I	D	H	E	D	H	A	I
S	À	B	H	A	I	L	T	E	A	C	H	D	L	S
D	E	R	N	H	F	X	R	X	X	A	F	U	A	R
A	U	L	L	A	C	H	A	D	H	V	U	T	E	U
C	O	T	H	R	O	M	P	N	N	L	T	M	D	C
C	V	P	T	J	N	A	E	D	I	A	R	A	C	X
E	A	X	D	Ù	B	H	A	L	A	N	E	A	Z	E
D	L	E	A	S	N	A	S	T	L	P	R	T	V	R
K	K	P	D	H	C	A	E	H	G	I	A	N	M	Y
C	U	N	N	A	R	T	A	C	H	D	À	T	Q	U

CLEAS
CARAIDEAN
ÀILLE
COTHROM
CUNNARTACH
CHEANN-UIDHE
DÙBHALAN
DLEASNAS
DEALAS
EXCURSION
ITINERARY
JOY
NATUR
NAIGHEACHD
ÙR
ULLACHADH
SÀBHAILTEACHD

26 - Ville

E	R	O	T	S	K	O	O	B	J	D	C	R	D	R
N	L	D	H	D	A	R	R	À	G	E	I	K	H	L
J	J	S	E	U	R	N	U	I	G	H	N	B	E	E
S	C	G	A	A	Ò	P	Z	L	S	T	E	A	I	A
M	M	H	T	T	T	L	V	H	Q	Ù	M	N	R	B
T	Y	R	R	T	S	Z	X	I	L	H	A	S	E	H
X	U	Ù	M	K	A	Ò	B	C	N	B	S	H	A	A
P	M	G	V	A	N	I	H	W	M	R	Q	F	D	R
I	Q	I	A	E	R	U	G	G	T	Ò	Q	D	H	L
N	S	A	E	G	H	K	X	H	I	M	E	G	A	A
Q	M	N	W	G	Ù	Z	E	Y	F	A	G	C	W	N
F	L	O	R	I	S	T	Q	T	E	U	T	M	H	N
O	Z	I	S	G	O	I	L	Y	A	R	I	V	D	J
N	E	L	A	I	R	P	O	R	T	T	D	N	J	X
O	Y	C	A	M	R	A	H	P	K	C	I	E	E	D

AIRPORT
BAN
LEABHARLANN
TAIGH-FUINE
CINEMA
CLIONAIG ÙR
SGOIL
FLORIST
GÀRRADH
TAIGH-ÒSTA
BOOKSTORE
STÒR
MARKET
PHARMACY
DHEIREADH
MÒR-BHÙTH
THEATR
URNUIGH
SÙ

27 - Ingénierie

T	Z	Z	Y	F	G	L	T	M	D	E	U	J	M	N
Y	F	P	C	F	E	I	S	F	Ù	R	O	Z	A	Z
M	O	L	A	D	H	Q	A	A	T	O	L	T	C	N
S	N	E	I	E	M	U	H	C	H	T	Ù	L	H	N
T	E	S	M	A	X	I	M	A	C	T	W	X	I	W
R	L	E	Y	H	G	D	O	L	H	R	I	T	N	C
U	D	I	G	L	Y	O	H	C	A	A	B	H	E	O
C	G	D	E	P	E	G	T	U	S	E	Z	D	B	M
T	E	D	S	H	B	W	T	L	Q	N	R	A	U	A
A	A	J	I	C	S	A	S	A	V	A	X	S	H	J
R	R	T	I	A	A	G	A	T	R	D	F	A	S	M
Y	S	T	G	K	G	P	R	I	N	R	À	E	C	O
L	E	V	E	R	S	R	T	O	G	I	D	M	W	W
H	Q	V	N	I	X	D	A	N	N	A	U	W	W	S
S	G	U	D	H	C	A	H	M	S	A	E	S	I	M

CEÀRN
CALCULATION
TOGAIL
DIAGRAM
TRAST-THOMHAS
DIESEL
DÙTHCHAS
GEARS
LÙTH
NEART
LEVERS
LIQUID
MACHINE
MEASADH
CO
A BHITH A
MOLADH
SEASMHACHD
STRUCTAR

28 - Énergie

D	D	Z	K	W	B	P	I	C	O	P	P	G	K	E
K	I	S	C	C	H	Q	W	O	C	D	L	N	G	L
Y	D	J	B	L	D	G	B	N	K	I	A	Ì	E	E
Y	O	P	J	S	A	E	T	N	U	E	S	O	F	C
P	X	V	H	W	E	E	Q	A	B	S	T	M	L	T
O	B	B	O	H	L	P	C	D	W	E	A	H	I	R
R	A	N	F	G	L	H	H	H	L	L	I	A	T	O
T	U	R	B	A	I	N	Y	O	B	X	G	C	S	N
N	H	T	O	Y	A	A	À	D	T	H	C	H	M	U
E	X	M	D	Y	U	L	X	R	R	O	O	A	Ù	R
T	D	N	O	B	R	A	C	P	A	O	N	S	I	N
W	C	N	X	E	T	E	D	N	A	I	G	C	D	U
U	L	O	G	F	I	D	K	W	H	C	N	E	Q	I
G	A	S	O	L	I	N	E	M	U	P	A	N	N	G
N	I	U	C	L	A	S	A	C	H	L	U	P	A	H

PLASTAIG
CARBON
CONNADH
TEAS
DIESEL
ENTROPY
ÀRAINN
GASOLINE
DEALAN
ELECTRON
HYDROGEN
GNÌOMHACHAS
CO
NIUCLASACH
PHOTON
TRUAILLEADH
DIDO
TURBAIN
SMÙID
URNUIGH

29 - Cuisine

I	C	H	K	Y	J	B	P	N	D	T	F	G	J	A
D	O	B	B	Z	U	D	Z	Z	L	M	L	S	U	P
S	P	J	A	R	I	W	D	U	X	G	F	P	G	R
C	A	U	C	O	C	T	W	M	R	C	F	O	C	O
H	I	Z	H	F	E	P	I	C	E	R	O	N	J	N
O	N	M	E	R	R	Y	K	V	L	Z	R	G	I	M
P	I	N	A	E	H	D	I	O	A	L	K	E	U	V
S	P	N	I	I	H	L	U	U	W	K	S	S	U	M
T	V	I	I	K	G	R	I	L	L	P	A	G	Z	P
I	C	A	B	I	P	C	P	R	E	Z	E	E	R	F
C	V	H	L	N	J	A	L	H	B	O	B	I	J	M
K	T	M	G	W	F	R	N	M	D	M	R	N	A	K
S	T	À	T	U	J	B	L	K	O	S	N	E	R	R
T	D	N	R	Y	Q	A	I	B	I	Q	S	A	W	R
A	O	Q	H	T	L	D	Q	G	S	W	Q	N	M	G

CHOPSTICKS
BOBHLA
FREEZER
SGEINEAN
JUG
JUICE
LAOIDHEAN
SPONGE
ÀMHAINN
FORKS
GRILL
BIA
JAR
RECIPE
CARBAD
NAPKIN
APRON
COPAIN

30 - Corps Humain

V	N	J	D	N	S	Q	D	R	H	E	E	N	K	E
R	U	P	H	U	H	T	Ì	G	S	L	A	D	H	J
I	N	N	O	Z	B	R	A	G	H	B	Z	O	C	G
V	B	N	N	M	H	H	C	M	D	O	P	T	I	T
B	R	A	I	N	Z	M	L	D	A	W	C	O	A	S
T	C	D	K	I	K	À	U	Z	I	G	R	N	H	A
U	I	O	S	H	N	L	A	K	N	Q	I	G	M	N
F	H	A	Q	C	J	F	S	A	V	O	D	U	A	K
J	M	V	K	N	A	B	E	U	L	T	H	E	R	L
U	B	L	L	L	W	X	U	V	J	K	E	D	R	E
K	E	Z	R	X	J	B	I	L	E	A	N	Z	X	W
G	N	G	M	I	Z	Y	K	O	E	B	N	V	O	Y
S	H	B	N	T	D	Z	R	R	R	Z	A	D	H	S
X	C	F	Y	V	B	A	Q	N	X	F	E	L	W	D
N	N	Z	B	S	R	K	C	R	I	L	C	G	A	S

BEUL
BRAIN
ANKLE
AMHAICH
ELBOW
CRIDHE
STAMAG
SGÌTH
KNEE
TONGUE
BILEAN
LÀMH
JAW
CHIN
AOIS
CLUAS
SKIN
DUBH
CEANN
AODANN

31 - Biologie

M	N	E	B	A	B	B	W	L	C	E	R	A	A	S
N	Y	H	Y	Z	W	E	V	R	E	N	E	M	N	Y
P	R	S	W	N	N	F	N	M	A	Z	P	A	A	N
S	Y	M	B	I	O	S	I	S	L	Y	T	H	T	A
B	F	T	V	F	V	I	A	B	L	M	I	O	O	P
B	E	R	Q	T	B	M	T	N	A	E	L	R	M	S
A	M	A	E	I	N	U	O	U	T	B	E	M	Y	E
C	O	N	T	A	E	U	R	W	L	T	K	O	M	D
T	S	À	F	H	G	S	P	K	A	O	G	N	S	L
E	O	D	U	O	A	A	Y	Q	U	V	V	E	I	W
R	M	A	R	I	L	C	I	K	V	C	K	E	S	S
I	O	R	X	P	L	E	H	R	N	E	U	R	O	N
A	R	R	P	N	O	I	T	A	T	U	M	I	M	M
B	H	A	Y	T	C	E	M	B	R	Y	O	D	S	S
J	C	O	W	B	N	D	B	D	I	D	D	Y	O	M

ANATOMY
BACTERIA
CEALLA
CHROMOSOME
COLLAGEN
EMBRYO
ENZYME
EVOLUTION
HORMONE
BEATHACH
MUTATION
NÀDARRA
NERVE
NEURON
OSMOSIS
PROTAIN
REPTILE
FREAGAIRT
SYMBIOSIS
SYNAPSE

32 - Épices

O	M	W	B	I	B	W	O	I	W	E	K	C	C	O
E	B	D	X	C	P	H	K	J	N	Q	R	X	I	N
R	E	D	N	A	I	R	O	C	I	H	F	K	N	I
F	G	N	R	Y	O	N	W	N	M	Q	J	Z	N	O
Q	L	B	N	E	B	F	J	N	U	T	X	H	A	N
K	E	A	B	S	A	L	Y	A	C	T	B	K	M	S
E	N	A	V	I	R	P	V	L	A	V	M	E	O	A
C	N	N	B	O	T	C	J	A	R	A	O	E	N	F
I	E	I	V	L	R	T	S	S	D	N	Y	R	G	F
R	F	S	V	R	U	J	E	C	A	I	A	G	K	R
O	U	E	L	S	O	U	D	R	M	L	R	U	N	O
C	U	R	R	Y	S	P	J	C	O	L	D	N	N	N
I	N	Y	B	N	Z	L	A	W	M	A	C	E	W	L
L	B	W	W	H	Y	M	D	C	U	U	Y	F	J	A
G	I	N	G	E	R	P	A	P	R	I	K	A	V	L

SOUR
BITTER
ANISE
CINNAMON
CARDAMOM
CORIANDER
CUMIN
CURRY
FENNEL
FENUGREEK
GINGER
NUTMEG
ONION
PAPRIKA
PIOBAR
LICORICE
SAFFRON
FLAVOR
SALANN
VANILLA

33 - Agronomie

G	H	L	A	S	R	A	I	C	H	O	F	Y	S	S
F	A	S	T	Ò	Z	V	N	Q	Q	T	À	S	S	A
T	R	U	A	I	L	L	E	A	D	H	S	G	I	O
R	A	N	N	S	A	C	H	A	D	H	À	R	S	T
S	I	O	S	T	A	M	A	N	I	F	I	Ù	Ì	H
F	E	R	T	I	L	I	S	E	R	B	T	D	O	R
N	E	I	A	C	G	V	C	H	I	G	E	A	L	A
L	C	Ù	Q	V	T	P	E	L	V	O	A	D	N	C
V	O	C	W	À	S	U	E	H	K	N	C	H	V	H
Q	L	C	X	C	R	G	G	B	G	R	H	T	D	A
T	O	A	O	O	Z	A	S	E	E	S	A	Ù	X	I
L	G	F	I	W	A	D	I	U	G	K	S	L	F	D
J	Y	R	P	D	B	O	U	N	O	N	P	Q	H	H
D	Ù	T	H	C	H	A	I	L	N	P	U	Y	Y	S
D	S	A	I	D	H	E	A	N	E	O	M	Z	E	B

ÀITEACHAS
FÀS
UISGE
FERTILISER
ÀRAINN
ECOLOGY
LÙTH
SGRÙDADH
SÌOL
GHLASRAICH
CLÒ
BIA
TRUAILLEADH
SAOTHRACHAIDH
RANNSACHADH
DÙTHCHAIL
SAIDHEAN
ÙIR
SIOSTAMAN

34 - Science

S	Y	E	O	E	H	F	O	S	S	I	L	S	C	M
C	T	Ì	R	E	V	J	Q	B	U	C	H	E	O	È
I	I	C	C	D	P	O	L	U	S	A	N	A	M	I
E	V	P	D	E	B	B	L	F	E	T	S	L	P	N
N	A	H	T	A	L	L	W	U	E	À	W	L	À	N
T	R	T	M	Q	S	P	D	C	T	D	K	A	I	I
I	G	E	S	O	D	E	Y	L	V	I	W	D	R	R
S	R	L	J	M	L	F	G	V	X	X	O	H	T	E
T	A	X	A	H	O	E	Z	E	C	G	M	N	E	A
C	N	D	B	N	Z	C	C	I	S	I	F	Q	A	N
L	A	C	I	M	E	H	C	U	O	M	Q	S	N	N
C	T	F	G	P	C	D	M	X	L	P	A	G	L	V
S	U	L	O	A	T	O	S	D	S	E	E	T	M	V
V	R	F	V	G	S	M	S	F	E	F	S	V	O	F
H	Y	P	O	T	H	E	S	I	S	K	Z	N	Y	M

ATOM
CHEMICAL
TÌRE
DÀTA
EVOLUTION
FOSSIL
GRAVITY
HYPOTHESIS
LATHA
MODH
MÈINNIREAN
MOLECULES
NATUR
SEALLADH
COM-PÀIRTEAN
FISIC
LUSAN
SCIENTIST

35 - Vêtements

A	G	T	M	Y	S	F	B	W	X	G	H	L	Z	N
Z	K	D	S	A	M	A	J	A	P	C	A	M	H	G
S	A	D	W	T	P	P	R	L	A	U	B	A	U	Z
P	V	S	O	T	X	A	D	J	N	I	A	S	A	F
L	È	I	N	E	L	Q	W	W	T	I	R	Z	N	X
N	O	R	P	A	S	O	Ì	S	S	E	V	O	L	G
A	T	V	E	E	O	C	U	F	G	C	J	D	S	I
H	E	S	U	O	L	B	A	Z	L	A	E	O	E	W
A	L	A	D	I	H	P	H	R	O	L	A	C	A	U
L	E	N	D	G	U	S	K	E	F	K	N	T	C	A
B	C	D	K	S	V	D	D	T	K	C	S	O	A	D
A	A	A	C	D	V	K	N	A	V	E	K	R	I	C
M	R	L	E	K	H	Z	U	E	F	N	W	C	D	N
X	B	S	U	O	M	A	X	W	A	J	U	D	W	G
I	R	Q	A	Z	Z	L	T	S	W	R	T	I	O	S

BRACELET
NA H-ALBA
AD
SHOE
LÈINE
BLOUSE
NECKLACE
SCARF
GLOVES
JEANS
SÌOS
MAPA
FASAIN
PANTS
SWEATER
PAJAMAS
DOCTOR
SANDALS
APRON
SEACAID

36 - Méditation

T	E	A	G	A	S	G	L	Y	E	U	Z	C	U	U
B	N	L	O	K	L	I	R	P	N	E	F	N	F	M
S	O	I	L	L	E	I	R	E	A	C	H	D	G	T
N	Q	H	S	E	A	L	L	A	D	H	D	C	L	H
O	J	T	I	C	R	K	B	B	H	I	A	Y	U	O
I	H	M	Ù	A	U	I	D	P	C	W	R	K	A	U
T	A	D	H	E	T	H	A	S	A	T	M	M	S	G
O	K	W	C	P	A	C	I	Ù	I	N	O	I	A	H
M	I	I	A	L	N	C	L	R	A	R	I	N	D	T
E	E	M	N	K	B	N	S	N	X	Z	Z	D	U	S
V	C	H	L	D	E	B	R	E	A	T	H	A	D	H
M	E	C	A	H	N	S	À	M	H	C	H	A	I	R
A	Ò	R	Z	A	O	E	U	X	H	R	J	X	J	D
J	L	K	G	P	R	P	S	W	P	A	T	B	B	E
W	O	Q	E	N	R	W	U	S	J	Q	H	M	F	N

ACHDAN
AIRE
CIÙIN
SOILLEIREACHD
IOMRADH
TEAGASG
MIND
EMOTIONS
AWAKE
KINDNESS
CHÙIS
GLUASAD
CEÒL
NATUR
PEACE
THOUGHTS
SEALLADH
BREATHADH
SÀMHCHAIR

37 - Littérature

M	C	O	D	H	Ù	N	A	D	H	E	M	D	H	S
T	G	S	Y	A	A	T	F	F	Z	J	E	A	H	T
N	H	P	T	D	K	A	T	B	G	N	T	S	D	O
A	F	E	O	H	X	Z	Y	V	E	E	A	A	I	I
G	W	F	M	C	I	E	G	Z	U	C	P	S	A	D
S	V	L	I	A	H	B	O	N	G	J	H	G	D	H
R	H	Y	M	E	V	N	L	B	O	Q	O	I	A	L
S	M	U	Z	B	R	K	A	T	L	I	R	N	E	E
Y	A	H	O	N	D	H	N	R	A	X	T	G	S	B
P	O	E	T	I	C	P	A	C	I	B	A	C	D	S
W	K	Q	N	Y	A	N	E	C	D	O	T	E	I	K
S	T	È	I	D	H	Ù	G	H	D	A	R	K	A	F
J	H	D	A	D	Ù	R	G	S	N	O	I	M	R	H
C	O	I	M	E	A	S	K	S	O	D	À	N	T	I
T	U	I	R	E	A	D	H	K	M	D	Z	J	M	E

ANALOGY
MION-SGRÙDADH
ANECDOTE
ÙGHDAR
COIMEAS
CO-DHÙNADH
TUIREADH
DIALOGUE
FICTION
METAPHOR
STÈIDH
BEACHD
DÀN
POETIC
RHYME
NOBHAIL
RHYTHM
STOIDHLE
THEMA
TRAIDSEADAIDH

38 - Nourriture #1

S	A	L	A	N	N	C	D	T	G	L	P	Z	C	B
J	D	R	J	O	A	F	U	A	U	L	I	N	F	A
X	U	L	Z	M	R	A	F	R	S	R	N	E	L	R
H	J	I	V	E	U	T	I	A	R	Z	N	L	Q	L
V	U	S	C	L	E	U	S	P	B	A	F	I	W	E
X	Q	A	H	E	P	N	T	R	U	F	N	Ù	P	Y
R	Z	B	D	A	Y	A	R	I	I	V	O	S	W	F
S	I	Ù	C	A	I	R	A	C	L	G	M	O	O	B
U	J	V	K	B	U	R	W	O	E	C	A	N	M	B
Y	H	J	F	B	R	L	B	T	A	O	N	I	J	N
S	K	N	H	M	I	R	E	H	N	F	N	O	L	Y
B	A	I	N	N	E	M	R	S	N	A	I	N	T	R
O	W	A	L	C	E	A	R	M	O	I	C	Z	V	W
L	V	U	U	R	Z	J	Y	E	I	D	V	Q	R	T
S	L	I	A	S	A	I	D	O	M	H	D	A	E	M

APRICOT
BASIL
COFAIDH
CINNAMON
CURRAN
LEMON
SLIASAID
STRAWBERRY
JUICE
BAINNE
TURNIP
ONION
BARLEY
PEURAN
BUILEANN
SALANN
SÙIL
SIÙCAIR
TUNA
MEADH

39 - Jours et Mois

D	E	A	N	T	Ò	G	M	H	I	O	S	Y	O	J
I	A	N	T	S	A	M	H	A	I	N	Y	V	A	Y
A	M	P	R	D	I	H	A	O	I	N	E	L	N	C
R	Ì	H	C	I	A	N	H	M	Ò	D	I	D	G	A
D	O	O	N	I	A	T	L	U	S	T	N	A	E	N
A	S	H	W	F	T	H	M	Y	R	R	B	U	A	T
O	E	X	O	M	A	C	T	V	W	I	Z	A	R	I
I	D	I	L	U	A	I	N	A	M	À	H	N	R	U
N	A	E	L	B	I	H	G	A	S	M	S	D	A	C
A	N	L	Ù	N	A	S	T	A	L	I	R	À	N	H
M	Ì	O	S	A	C	H	A	N	S	D	D	M	F	A
A	N	D	Ù	B	H	L	A	C	H	D	D	H	W	R
F	U	A	Z	M	G	N	I	A	D	H	C	A	E	S
D	I	C	I	A	D	A	I	N	U	J	K	I	Q	U
Y	H	C	A	M	M	À	R	T	F	D	P	R	T	C

AN LÙNASTAL
A 'GHIBLEAN
MÌOSACHAN
AN DÙBHLACHD
DIDÒMHNAICH
AN GEARRAN
DIARDAOIN
AN T-IUCHAR
AN T-ÒGMHIOS
DILUAIN
DIMÀIRT
AM MÀRT
DICIADAIN
MÌOS
AN T-SAMHAIN
AN DÀMHAIR
DISATHAIRNE
SEACHDAIN
AN T-SULTAIN
DIHAOINE

40 - Jardinage

R	O	M	Y	O	O	D	U	X	M	Q	N	O	X	V
R	R	P	T	E	E	G	A	I	L	O	F	G	L	V
C	C	L	E	A	F	H	P	M	S	Q	L	O	Ì	S
O	H	I	P	R	F	E	O	N	W	G	X	A	O	F
M	A	E	R	Ì	T	J	V	J	E	U	E	D	D	L
P	R	H	F	L	O	R	A	L	Y	C	W	V	E	H
O	D	T	E	U	Q	U	O	B	O	C	M	H	X	C
S	B	I	S	P	W	O	K	N	R	Y	D	E	X	A
T	E	À	H	I	C	Z	E	T	A	C	M	W	N	E
H	F	R	I	P	O	Q	E	H	N	H	E	S	R	H
I	Z	I	K	C	F	M	O	S	S	O	L	B	J	T
Q	L	Ù	B	O	T	A	N	I	C	A	L	I	A	I
F	Q	X	M	Y	Y	M	X	S	E	Z	D	Z	N	O
V	V	F	B	B	M	I	S	J	B	U	G	I	Y	S
O	Y	C	S	N	I	U	F	G	L	P	R	E	N	J

BOTANICAL
BOUQUET
TÌRE
COMPOST
UISGE
MOLADH
FOLIAGE
LEAF
BLOSSOM

FLORAL
SÌOL
MOIST
SOITHEACH
RÀITHEIL
MIX
ÙIR
ORAN
ORCHARD

41 - Entreprise

E	A	C	O	N	O	M	A	I	D	H	F	C	B	S
S	O	R	G	Y	A	H	S	N	I	D	O	O	U	C
E	A	Y	V	Q	F	E	B	Y	A	A	S	M	I	G
S	H	L	X	C	G	D	S	M	R	R	G	P	D	P
B	N	O	E	U	B	P	C	Ì	A	M	L	A	S	J
V	J	D	A	E	G	R	I	A	C	O	A	N	E	E
P	O	T	R	T	W	O	J	B	F	I	D	Y	A	D
E	L	I	È	H	C	T	L	C	E	J	H	Z	T	H
I	P	P	F	C	R	H	B	Ù	T	H	I	E	Z	C
O	F	S	S	I	H	A	R	D	A	E	G	R	I	A
N	D	X	Y	V	S	I	N	L	Z	Q	C	N	P	E
M	C	M	O	I	H	D	A	G	S	A	T	V	N	T
H	D	I	A	R	A	T	C	A	F	W	M	M	A	N
A	M	Ò	R	A	N	B	A	T	H	A	I	R	Y	S
S	A	T	S	O	C	I	O	U	G	Y	A	B	E	N

AIRGEAD
BÙTH
BUIDSEAT
OIFIS
CARAID
COSTAS
AIRGEADRA
CHÈILE
FOSGLADH
COMPANY

EACONOMAIDH
IONMHAS
CÌSEAN
TASGADH
MÒRAN BATHAIR
PROTHAID
TEACHD
IOMRADH
FACTARAIDH
SALE

42 - Activités

L	E	S	Q	J	M	V	R	G	H	P	K	C	U	V
I	A	A	E	J	Y	X	C	C	W	L	L	R	J	C
N	D	L	L	Ò	B	R	P	S	L	E	P	F	K	V
M	F	E	L	A	R	B	H	F	U	A	J	U	K	D
O	Z	U	A	C	I	R	O	I	J	S	S	K	U	R
S	A	G	O	A	L	N	T	G	Y	U	A	C	Y	I
V	T	H	I	M	C	J	O	H	U	R	G	V	S	Ù
M	S	A	D	P	H	G	G	E	Y	E	L	P	N	I
A	S	D	H	A	W	D	R	H	I	K	I	N	G	C
G	G	H	D	D	P	S	A	I	A	S	G	A	I	R
I	I	E	R	H	D	F	P	T	S	E	A	L	G	I
C	L	C	L	E	A	S	H	G	N	C	V	W	K	A
H	P	E	D	E	K	V	Y	C	N	A	N	K	G	B
Q	R	Z	I	D	M	S	A	H	A	S	E	P	X	O
Z	K	L	F	B	P	A	C	L	D	Y	Q	P	G	J

CLEAS
EALAIN
OBAIR-CIÙIRD
CAMPADH
SEALG
SGIL
SEÒRR
DANNSA
LEUGHADH
MAGIC
PEANTADH
IASGAIR
PHOTOGRAPHY
PLEASURE
HIKING
LAOIDH
FIGHE

43 - Fleurs

H	D	H	G	L	A	O	I	D	H	J	Q	B	S	W
K	Y	A	O	A	U	Z	Z	O	T	A	F	P	E	G
A	G	O	I	N	R	Z	V	X	W	S	A	L	A	I
Z	N	O	W	S	F	D	C	C	Q	M	M	U	M	S
C	V	G	O	H	Y	D	E	Y	J	I	A	M	R	D
M	Z	S	Q	S	R	K	N	N	S	N	G	E	A	N
B	O	U	Q	U	E	T	O	O	I	E	N	R	I	E
P	J	C	I	G	W	B	I	E	B	A	O	I	G	I
V	L	S	E	L	O	P	L	P	H	G	L	A	L	Z
Y	B	I	G	K	L	U	E	K	A	E	I	M	X	G
F	E	B	A	P	F	M	D	T	R	W	A	Z	R	E
F	O	I	U	G	N	O	N	U	A	T	U	L	I	P
R	P	H	M	F	U	C	A	L	I	L	Y	A	C	M
U	L	G	V	N	S	A	D	L	I	L	Y	X	S	T
P	O	P	P	Y	O	R	C	H	I	D	J	V	H	T

BOUQUET
GARDENIA
HIBISCUS
JASMINE
LAOIDH
LILAC
LILY
MAGNOLIA
DAISY
ORCHID
POPPY
PETAL
DANDELION
PEONY
PLUMERIA
SUNFLOWER
SEAMRAIG
TULIP

44 - Nourriture #2

H	N	C	O	X	H	C	R	A	E	C	J	C	J	U
K	W	U	H	W	C	A	H	S	D	Y	Q	Y	L	U
U	W	Q	X	X	V	Z	M	O	H	H	E	I	D	J
M	X	H	B	J	R	I	C	E	C	L	B	K	K	W
C	P	I	W	I	K	G	A	T	A	O	G	N	A	M
A	N	A	R	A	T	T	X	Z	E	T	L	N	H	B
P	U	S	C	F	L	F	Q	A	N	A	N	A	B	L
P	A	G	E	E	I	M	M	K	H	M	G	M	T	K
L	L	T	G	A	L	L	O	T	T	O	U	X	J	E
E	M	P	G	B	O	E	O	E	I	T	Y	W	T	G
P	O	T	P	S	C	E	R	F	U	D	K	Y	K	R
Y	N	A	L	T	C	O	H	Y	R	R	E	H	C	A
H	D	L	A	O	O	R	S	C	H	H	X	F	U	P
V	Q	F	N	C	R	C	U	C	C	V	D	V	G	E
R	W	Y	T	H	B	R	M	D	V	E	Q	D	H	K

ALMOND
EGGPLANT
BANANA
CHRUITHNEACHD
BROCCOLI
CHERRY
CELERY
MUSHROOM
CHOCOLATE
HAM

KIWI
MANGO
UGH
ARAN
IASG
APPLE
CEARC
GRAPE
RICE
TOMATO

45 - Algèbre

P	B	F	T	T	F	F	U	A	Y	F	D	M	M	I
I	A	T	I	Z	F	A	R	G	U	A	U	A	J	F
X	X	R	K	Z	M	C	N	H	H	L	I	T	H	D
N	D	I	E	A	L	T	U	J	C	S	L	R	K	D
W	I	A	Q	N	H	O	I	Z	A	E	G	I	T	Z
W	A	G	L	O	T	R	G	J	E	B	H	X	M	F
Y	B	A	H	I	E	H	H	I	N	O	E	N	Q	G
P	H	E	K	T	R	A	E	A	H	D	A	F	A	I
C	A	R	W	C	À	C	S	S	D	A	D	H	M	N
K	L	F	K	A	S	I	S	P	I	W	A	B	O	F
M	E	U	D	R	L	Q	R	J	O	S	S	A	T	I
Y	V	A	G	F	K	G	Q	E	L	N	D	J	W	N
D	I	A	G	R	A	M	B	G	A	O	A	C	D	I
B	A	R	A	N	T	A	S	V	D	M	V	N	U	T
C	U	M	S	I	M	P	L	I	D	H	H	F	T	E

DIAGRAM
EASPONANT
URNUIGH
FACTOR
FALSE
DIABHAL
FRACTION
GRAF
INFINITE
LOIDHNEACH
MATRIX
ÀIREAMH
PARENTHESIS
DUILGHEADAS
MEUD
CUM SIMPLIDH
FREAGAIRT
BARANTAS
NEONI

46 - Océan

D	O	L	P	H	I	N	C	C	K	B	N	L	U	C
Y	Z	D	Q	V	X	N	G	R	T	X	I	F	L	E
T	Q	C	A	T	S	A	S	W	A	K	S	N	F	X
S	M	E	F	Q	H	G	B	U	A	B	U	E	E	T
T	Y	E	K	V	S	S	A	Y	J	C	P	C	E	T
H	R	G	N	N	I	A	M	A	E	F	O	K	W	L
T	U	N	A	S	F	E	R	K	R	H	T	R	X	W
B	E	O	A	A	Y	D	O	F	S	S	C	A	A	U
F	O	P	L	L	L	V	T	W	E	Q	O	H	W	L
B	C	S	K	A	L	D	S	D	Y	R	E	S	D	L
S	À	K	I	N	E	L	T	R	U	T	J	N	X	D
L	L	T	F	N	J	O	Y	S	T	E	R	F	Y	U
Q	Q	I	A	L	K	M	H	A	R	A	J	M	U	U
S	E	A	N	M	H	A	I	R	W	A	V	E	S	S
S	T	I	R	H	Y	I	A	S	G	D	Q	Y	K	O

FEAMAINN
EASGANN
- MHARA
BÀTA
CORAL
CRAB
SEANMHAIR
DOLPHIN
SPONGE
OYSTER
JELLYFISH
IASG
OCTOPUS
SHARK
JERSEY
SALANN
STORM
TUNA
TURTLE
WAVES

47 - Antiquités

S	S	X	D	S	I	T	N	P	M	L	N	E	J	G
A	V	Y	X	T	C	S	I	O	A	H	D	A	R	À
N	W	R	T	V	C	U	A	B	A	S	R	M	I	R
F	S	A	O	J	W	E	L	H	D	I	O	T	S	R
R	Y	N	H	E	N	F	A	P	O	R	O	Ì	F	A
A	D	A	E	H	C	I	E	D	T	P	M	Q	L	D
N	H	D	A	G	S	A	T	L	M	U	B	W	I	H
C	C	S	A	À	I	R	N	E	I	S	R	M	N	C
I	A	O	A	Y	T	Y	H	E	Q	H	Y	E	N	A
S	E	P	I	E	N	U	R	U	J	S	H	L	E	U
C	L	F	G	N	A	H	B	L	A	E	D	S	M	L
O	I	H	O	T	G	S	T	U	E	R	F	U	N	K
Q	À	I	I	I	E	M	C	D	I	W	Z	H	Q	K
Q	C	D	M	I	L	V	T	C	U	Q	E	E	V	H
C	J	V	U	C	E	S	R	D	J	E	K	J	K	E

EALAIN
FÌOR
JEWELRY
DEICHEAD
SAN FRANCISCO
ROP
ELEGANT
GÀRRADH
TASGADH
ÀIRNEIS
DEALBHAN
COIN
PRIS
CÀILEACHD
III
SCULPTURE
LINN
STOIDHLE
LUACH
A DH'AOIS

48 - Réchauffement Climatique

S	W	I	B	T	J	V	O	Y	H	È	B	X	D	W
O	Y	U	W	Z	V	K	I	X	C	I	H	D	A	L
G	J	P	B	O	E	M	D	S	A	G	C	N	O	A
L	A	O	I	D	H	E	A	N	T	I	L	E	I	Z
A	J	L	S	H	M	O	G	L	R	N	B	I	N	S
Y	A	L	P	J	E	V	K	R	A	N	J	Y	E	C
L	E	A	S	A	C	H	A	D	H	T	Ù	L	U	I
C	R	Q	F	L	A	O	I	D	H	D	À	G	W	E
H	G	N	Ì	O	M	H	A	C	H	A	S	D	T	N
A	J	K	K	S	Z	Q	Y	U	R	U	C	E	Ì	T
N	K	C	V	I	Z	L	U	Q	A	C	L	I	R	I
À	R	A	I	N	N	E	A	C	H	D	D	B	E	S
G	I	N	E	A	L	A	I	C	H	E	A	N	R	T
Y	V	R	P	U	S	H	D	A	L	H	G	A	I	R
T	W	À	M	R	I	T	E	A	C	H	D	V	A	F

ARTACH
AIRE
TÌRE
ÈIGINN
LEASACHADH
DÀTA
ÀRAINNEACHD
LÙTH
ÀM RI TEACHD
GAS
GINEALAICHEAN
RIAGHLADH
LAOIDHEAN
GNÌOMHACHAS
LAOIDH
A-NIS
DAOINE
SCIENTIST
CHAN

49 - Fruit

F	B	G	M	L	Q	K	X	H	G	Y	W	O	M	R
D	Q	T	O	V	E	W	C	H	E	R	R	Y	E	A
O	N	T	R	M	H	M	G	E	R	S	Q	Y	L	S
S	D	D	A	P	C	T	O	C	I	R	P	A	O	P
Y	Q	G	I	F	A	V	C	N	Y	C	L	Z	N	B
T	N	B	N	U	E	P	A	R	G	B	X	O	G	E
N	L	D	S	J	P	N	A	R	U	E	P	L	A	R
B	Z	E	C	E	I	S	M	Y	C	R	Q	X	F	R
C	A	B	A	N	A	N	A	A	A	R	D	Q	W	Y
G	V	P	I	P	U	Z	A	T	N	Y	C	M	N	T
F	O	Z	W	U	W	B	P	M	A	G	D	M	Z	C
U	C	P	I	N	E	A	P	P	L	E	O	F	W	Z
T	A	T	K	G	U	A	V	A	X	F	G	O	F	Q
X	D	L	P	D	C	Y	Z	V	B	I	Y	I	R	L
R	O	A	P	P	L	E	N	I	R	A	T	C	E	N

APRICOT
PINEAPPLE
AVOCADO
BERRY
BANANA
CHERRY
LEMON
FIG
RASPBERRY
GUAVA
KIWI
MANGO
MELON
NECTARINE
ORAINS
PAPAYA
PEACH
PEURAN
APPLE
GRAPE

50 - Technologie

C	R	U	T	H	C	L	Ò	S	O	V	P	T	Y	I
N	C	C	H	C	I	A	H	T	A	T	R	A	E	F
F	A	I	D	H	L	E	O	A	R	A	M	A	C	E
U	Z	N	K	A	N	T	S	T	H	F	C	O	V	X
D	D	È	A	N	A	M	H	I	B	P	Z	V	Q	H
S	I	C	R	O	Ì	H	F	S	A	M	N	S	U	D
O	C	D	V	I	R	U	S	T	T	K	H	E	B	A
C	C	P	S	E	T	Y	B	I	H	D	J	K	L	H
C	P	Y	W	E	L	Q	B	C	A	Q	À	K	O	C
P	U	S	Y	O	A	I	I	S	R	W	B	T	G	A
K	U	R	L	X	I	T	G	N	B	E	E	G	A	S
G	S	F	S	S	H	R	A	L	O	S	G	R	Ì	N
X	F	L	R	O	Y	W	N	C	G	M	O	D	Q	N
W	Q	F	M	O	R	F	I	H	H	M	E	S	T	A
B	H	R	A	B	H	S	A	I	R	P	Z	Q	O	R

BLOG
CAMARA
CURSOR
DÀTA
SGRÌN
FAIDHLE
BATHAR-BOG
FEAR-TATHAICH
BHRABHSAIR
DIDSEATACH
BYTES
RANNSACHADH
CRUTH-CLÒ
DÈANAMH
STATISTICS
MAS-FHÌOR
VIRUS

51 - Musique

S	D	D	S	E	I	N	N	E	A	D	A	I	R	N
C	Z	B	G	A	D	H	A	R	M	O	N	I	C	E
C	I	M	H	T	Y	H	R	Y	À	E	K	P	V	A
I	L	J	V	F	E	M	K	R	Z	L	A	R	L	C
T	Y	A	L	E	I	J	K	M	O	Y	C	W	Y	H
C	Y	R	S	A	G	Z	S	H	I	N	E	I	R	C
E	W	E	E	S	B	C	I	T	E	O	P	Y	I	I
L	Y	P	Y	C	I	J	N	Y	S	M	R	P	C	Ù
C	H	O	C	O	H	C	G	H	I	R	I	A	A	I
E	I	A	W	P	Y	I	A	R	V	A	A	S	L	L
U	D	M	V	A	D	S	O	L	O	H	G	T	I	D
N	V	C	E	N	O	H	P	O	R	C	I	M	Ù	I
A	N	T	I	N	N	E	A	L	P	K	Y	E	I	T
F	O	N	N	S	F	G	Q	G	M	R	Q	S	C	F
B	A	L	L	A	D	B	V	U	I	V	O	C	A	L

CLÀR
BALLAD
SING
SEINNEADAIR
CLASSICAL
ECLECTIC
HARMONY
HARMONIC
IMPROVISE
AN T-INNEAL
LYRICAL
FONN
MICROPHONE
CIÙIL
NEACH-CIÙIL
OPERA
POETIC
RHYTHM
RHYTHMIC
VOCAL

52 - Météo

U	H	Y	C	P	G	D	Q	J	A	K	Q	N	K	V
R	T	Y	D	I	Z	G	W	R	F	P	J	K	J	T
N	O	V	U	P	Ù	D	X	W	O	Q	R	X	Z	E
U	A	M	O	H	K	I	G	K	J	V	N	S	T	Ò
I	H	F	L	I	U	T	N	S	Z	M	R	B	G	T
G	G	H	C	A	E	G	I	A	P	O	R	T	E	H
H	M	D	M	A	R	B	H	D	I	O	A	L	À	A
P	O	L	A	R	Ì	L	G	L	L	A	H	K	R	C
H	I	X	I	D	T	Q	I	S	C	I	U	K	R	H
M	O	N	S	O	O	N	E	F	U	X	M	U	I	D
M	R	Q	D	O	Y	Y	D	D	R	O	U	G	H	T
Y	V	O	D	Y	T	O	E	O	O	S	W	D	U	B
K	C	Y	T	K	S	H	J	T	B	N	E	C	B	Q
G	Q	D	D	S	I	O	R	F	A	H	G	O	B	Y
A	N	À	R	D	B	H	A	I	L	E	K	I	G	X

BOGHA-FROIS
AN ÀRD-BHAILE
CIÙIN
SKY
TÌRE
LAOIDH
DEIGH
MILD
TUIL
MONSOON
CLOUD
GEÀRR
MARBH
POLAR
DROUGHT
TEÒTHACHD
STORM
IOMGHAOTH
TROPAIGEACH
URNUIGH

53 - L'Entreprise

C	C	A	C	D	U	S	X	Q	F	T	C	N	B	N
U	À	O	O	N	A	L	A	T	S	A	R	A	U	T
N	I	N	D	G	T	I	K	N	U	I	R	S	V	C
N	L	A	H	I	U	A	M	I	Ò	S	H	A	Q	U
A	E	I	Ù	X	Q	H	K	C	C	B	D	E	S	D
R	A	D	N	K	Q	C	B	U	X	E	A	R	I	O
T	C	S	A	T	R	A	H	D	A	A	G	I	O	R
A	H	I	D	F	J	H	H	D	A	N	S	O	C	P
N	D	O	H	Q	G	T	C	Y	C	A	A	G	L	G
X	J	N	H	O	I	U	K	R	A	D	T	E	P	A
S	C	M	X	T	M	R	C	O	U	H	T	F	Z	B
X	C	H	L	C	V	C	T	D	A	I	C	O	V	H
H	C	A	H	T	À	N	H	G	R	Ù	N	X	W	A
S	R	S	C	L	I	Ù	A	V	F	A	F	N	O	D
P	R	O	I	F	E	I	S	E	A	N	T	A	E	H

BÒNAS
CRUTHACHAIL
CO-DHÙNADH
COSNADH
CRUINNE
ÙR-GHNÀTHACH
TASGADH
GABHADH
TAISBEANADH
PRODUCT
PROIFEISEANTA
ADHARTAS
CÀILEACHD
GOIREASAN
IONMHAS
CLIÙ
CUNNARTAN
TUARASTALAN
AONAID

54 - Gouvernement

X	I	P	S	K	P	Q	X	C	U	O	E	I	C	D
A	R	R	A	H	T	A	C	E	T	G	X	P	H	E
Z	C	T	O	D	S	D	I	A	R	Ò	N	T	U	M
J	X	Q	R	W	E	J	G	R	A	Ì	B	E	L	O
P	P	U	A	L	X	C	V	T	E	O	G	F	T	C
Z	P	D	N	T	L	F	W	A	C	L	W	S	A	R
A	T	N	A	E	S	I	À	N	K	A	K	I	R	A
R	J	F	C	V	K	U	S	T	A	T	E	P	A	C
H	U	A	H	G	A	L	R	C	P	M	R	V	I	A
S	G	V	D	Z	I	Z	S	N	D	U	R	D	L	I
P	O	I	L	I	T	I	G	S	U	I	P	Y	H	D
C	L	L	A	S	R	O	A	S	Q	I	H	B	X	H
W	T	I	J	N	S	A	M	H	L	A	G	I	K	Y
B	E	H	C	I	R	I	Ù	I	T	S	Z	H	Q	E
H	M	B	C	P	B	U	D	Ù	T	H	A	I	C	H

SAORANACHD
CATHARRA
DEMOCRACAIDH
ÒRAID
URNAIGH
SGÌRE
CEARTAN
URNUIGH
STATE
CEART
STIÙIRICHE
SAORSA
LAGH
DÙTHAICH
NÀISEANTA
CHULTARAIL
POILITIGS
SAMHLA

55 - Randonnée

S	J	V	Y	Q	M	P	H	I	X	T	E	Y	S	F
X	A	Q	O	S	V	Z	À	N	X	U	C	H	W	I
T	Ì	R	E	N	I	T	S	I	R	Z	B	D	N	A
P	V	I	S	E	X	I	U	A	R	U	T	A	N	D
N	R	S	T	G	Z	Z	O	T	K	T	P	H	H	H
Y	O	M	O	S	Ì	J	T	N	E	E	W	C	E	A
L	X	I	O	I	A	T	T	U	B	J	J	A	A	I
P	K	A	B	U	N	A	H	O	D	I	D	E	V	C
L	L	M	G	N	H	N	D	M	Q	T	D	M	Y	H
J	Z	L	Q	R	E	Y	A	A	L	B	Q	N	E	I
P	W	O	U	E	A	H	P	H	B	T	P	I	Z	Ù
D	U	I	R	I	A	H	M	O	C	G	L	A	S	I
J	F	T	I	X	H	D	A	H	C	A	L	L	U	L
J	P	Z	S	R	I	S	C	Z	S	A	L	N	L	Z
A	I	R	A	M	H	A	P	A	A	Z	V	C	O	S

AINMEACHADH
BOOTS
CAMPADH
AIR A ' MHAPA
TÌRE
UISGE
SGÌTH
IÙIL
HEAVY

AIMSIR
MOUNTAIN
NATUR
COMHAIR
PÀIRT
CLACHAN
ULLACHADH
FIADHAICH
DIDO

56 - Art

S	A	Q	S	I	O	M	F	H	I	L	L	T	E	H
I	B	O	X	U	F	M	R	A	Y	W	W	P	R	A
M	G	G	J	E	R	U	T	P	L	U	C	S	G	T
P	D	Y	B	I	U	R	D	E	A	L	B	H	A	N
L	D	H	Q	H	V	R	E	U	Y	D	S	T	I	A
I	H	C	D	C	O	Y	N	A	S	M	I	I	O	S
D	C	I	M	A	R	E	C	U	L	G	Y	T	M	R
H	A	A	L	E	H	U	T	M	I	I	D	N	R	A
A	D	H	È	R	D	C	B	B	U	G	S	Q	A	E
M	R	T	I	D	A	F	A	T	E	L	H	M	D	P
N	À	U	R	D	R	F	K	N	R	K	Z	M	H	L
H	B	R	S	A	H	C	U	T	S	E	N	O	H	U
C	Y	C	I	I	M	U	X	Q	Q	O	X	O	M	V
K	G	S	N	H	O	V	V	R	M	L	R	D	D	J
E	Y	F	N	C	C	S	A	M	H	L	A	B	E	T

CERAMIC
IOM-FHILLTE
COMHRADH
CRUTHAICH
IOMRADH
HONEST
MOOD
BROSNACHADH
CHIAD DREACH
DEALBHAN
PEARSANTA
BÀRDACHD
SCULPTURE
SIMPLIDH
URNUIGH
SURREALISM
SAMHLA
LÈIRSINN

57 - Nutrition

D	W	I	N	R	S	N	D	B	N	O	T	C	A	L
N	N	I	A	H	G	O	R	L	E	U	C	A	P	I
C	A	D	E	S	N	I	E	T	O	R	P	R	P	Q
A	L	A	H	N	B	T	S	B	A	O	U	B	E	U
L	G	E	D	M	U	A	J	C	S	V	R	O	T	I
O	C	H	I	F	N	T	V	S	O	A	N	H	I	D
R	D	T	O	X	I	N	R	Q	P	L	U	Y	T	S
I	H	I	A	D	M	E	E	I	D	F	I	D	E	Q
E	C	A	L	P	A	M	B	Y	E	M	G	R	C	Q
S	A	D	L	V	T	R	A	I	E	N	H	A	Y	N
D	E	P	F	C	I	E	D	Y	T	K	T	T	X	L
J	L	R	S	A	V	F	U	K	R	T	Q	E	Y	Z
D	I	G	E	S	T	I	O	N	X	K	E	S	T	A
Z	À	C	U	I	B	H	R	E	A	N	N	R	Y	J
O	C	S	A	U	C	E	A	S	L	À	I	N	T	E

BITTER
APPETITE
CALORIES
ROGHAINN
DAITHEAD
DIGESTION
LAOIDHEAN
FERMENTATION
CARBOHYDRATES
LIQUIDS
NUTRIENT
URNUIGH
CUIBHREANN
PROTEINS
CÀILEACHD
SLÀINTE
SAUCE
FLAVOR
TOXIN
VITAMIN

58 - Science Fiction

R	N	U	X	J	À	Q	S	S	O	Q	H	J	E	U
L	O	H	Z	M	I	R	G	P	J	R	S	E	X	F
I	A	B	E	B	R	V	O	R	V	F	A	B	I	G
A	M	Z	O	Y	D	U	I	E	Z	U	L	C	N	X
H	E	A	Q	T	E	T	N	A	U	T	Ò	I	L	M
G	N	I	G	A	S	Z	N	D	N	U	E	L	R	E
O	I	P	N	I	I	E	E	H	I	R	N	L	T	Z
A	C	O	U	P	N	G	I	A	T	I	C	U	D	W
S	I	T	N	O	F	A	L	D	E	S	I	S	C	Z
T	Y	S	R	T	U	S	R	H	I	T	E	I	P	I
I	M	Y	P	U	U	S	G	Y	N	I	T	O	L	X
H	L	D	G	A	L	A	X	Y	E	C	G	N	A	A
S	G	B	A	A	T	O	M	I	C	T	I	B	N	A
T	Y	N	A	E	H	C	I	A	R	H	B	A	E	L
M	Y	S	T	E	R	I	O	U	S	Q	B	V	T	D

ATOMIC
CINEMA
DYSTOPIA
SPREADHADH
ÀIRDE
SGOINNEIL
TEINE
FUTURISTIC
GALAXY
ILLUSION
IMAGINARY
LEABHRAICHEAN
T-SAOGHAIL
MYSTERIOUS
ORACLE
PLANET
ROBOTS
TEICNEÒLAS
UTOPIA

59 - Professions #1

F	I	R	E	F	I	G	H	T	E	R	H	S	M	R
A	P	E	H	S	S	P	P	S	I	L	X	C	N	A
S	L	H	C	O	D	A	G	S	B	W	U	I	E	D
T	U	P	I	K	W	I	X	U	E	T	Y	E	A	O
R	M	A	A	N	J	E	O	T	S	G	I	N	C	C
O	B	R	S	F	U	R	H	C	L	X	M	T	H	T
N	E	G	A	T	O	S	G	A	I	R	E	I	P	O
O	R	O	E	B	S	J	I	Y	Ù	D	E	S	I	R
M	S	T	D	D	B	E	U	H	I	Z	F	T	À	N
E	B	R	E	U	P	W	N	R	C	J	G	F	N	U
R	E	A	U	O	T	E	R	D	H	L	T	W	A	R
P	T	C	Z	B	S	L	U	R	C	P	O	N	X	S
B	A	N	K	E	R	E	K	T	A	B	X	P	I	E
D	A	N	C	E	R	R	Y	D	E	K	F	B	D	L
U	H	G	A	L	H	C	A	E	N	A	T	T	G	C

TOSGAIRE
ASTRONOMER
NEACH-LAGH
BANKER
JEWELER
CARTOGRAPHER
URNUIGH
DANCER
COIDSE
DEASAICHE
NURSE
DOCTOR
NEACH-CIÙIL
NEACH-PIÀNA
PLUMBER
FIREFIGHTER
SCIENTIST

60 - Géologie

I	C	C	R	Y	S	T	A	L	S	I	O	Z	M	M
B	A	A	R	À	L	H	C	D	R	À	I	Q	O	È
J	L	O	C	T	F	O	S	L	A	V	A	Z	L	I
L	C	N	N	I	A	T	N	A	E	L	’	A	T	N
S	I	A	T	H	D	I	O	A	L	R	G	X	E	N
T	U	C	R	C	P	H	P	K	S	I	L	G	N	I
A	M	L	A	R	O	C	V	Z	T	R	A	U	Q	R
L	H	O	W	Y	H	O	A	C	A	A	K	A	F	E
A	E	V	C	A	V	E	R	N	L	Z	O	N	E	A
G	C	W	H	X	X	D	K	Y	A	I	F	H	S	N
M	F	A	S	A	L	A	N	N	C	O	S	G	G	R
I	E	S	R	E	S	Y	E	G	T	X	I	S	I	X
T	A	K	X	A	W	A	Y	U	I	L	G	Z	O	I
E	S	P	E	J	I	B	O	H	T	Z	D	J	G	F
S	S	D	D	Y	V	D	Y	W	E	J	Y	Y	P	D

ACID
CALCIUM
CAVERN
A 'LEANTAINN
CORAL
LAOIDH
CRYSTALS
MOLTEN
FOSSIL
GEYSER
LAVA
MÈINNIREAN
CARAID
ÀRD-CHLÀR A'
QUARTZ
SALANN
STALACTITE
STALAGMITES
VOLCANO
ZONE

61 - Jardin

Y	O	I	I	T	H	X	F	X	W	F	K	P	P	S
A	Y	L	I	R	J	D	E	E	R	T	M	V	W	U
Q	D	T	N	A	R	O	A	F	U	A	G	R	A	S
M	Q	M	N	M	A	O	N	Q	L	U	E	K	A	R
Y	Z	K	H	P	U	K	S	S	M	Ù	D	F	H	G
R	C	K	C	O	M	M	A	H	N	A	R	D	G	A
B	Y	I	O	L	K	V	I	N	E	A	A	T	A	R
A	U	K	X	I	W	Z	O	E	K	Ù	H	E	R	D
S	K	S	J	N	A	H	C	O	L	I	C	R	A	E
I	L	E	H	E	H	X	M	B	C	R	R	R	G	N
G	L	A	S	A	C	H	P	X	F	K	O	A	E	K
T	T	H	F	P	S	G	J	M	Z	L	C	C	D	R
V	Q	H	B	T	N	Q	P	Z	P	P	M	E	H	U
D	N	G	Z	G	N	V	E	O	X	X	O	F	U	T
S	L	U	A	S	A	I	D	K	C	E	N	X	K	C

TREE
FEAR
BUSH
FEANSA
LOCHAN
FLÙR
GARAGE
HAMMOCK
GRAS
GARDEN
HAWK'
SLUASAID
GLASACH
RAKE
ÙIR
TERRACE
TRAMPOLINE
ORAN
ORCHARD
VINE

62 - Santé et Bien Être #1

N	I	K	S	E	L	C	S	U	M	R	T	S	Z	U
E	R	U	T	C	A	R	F	Y	Q	M	R	L	W	I
R	Ù	G	I	A	N	O	I	L	C	Z	H	T	J	E
V	O	Z	I	P	J	I	R	P	H	U	C	N	H	L
E	V	H	D	I	O	A	L	S	O	L	A	R	A	N
S	I	O	C	Ò	M	H	R	A	D	H	H	A	C	S
R	R	R	À	I	R	D	E	I	T	I	M	P	W	W
F	U	M	O	Q	M	A	C	R	A	S	O	B	P	C
X	S	O	X	T	W	L	F	E	C	A	Ì	P	H	R
E	Y	N	E	H	C	C	E	T	N	E	N	D	A	J
N	Ò	E	L	R	W	O	B	C	À	H	G	Q	R	M
F	A	S	F	M	L	T	D	A	M	G	C	E	M	D
U	M	G	E	A	O	C	B	B	H	I	R	N	A	R
P	L	D	R	Q	J	R	U	S	A	E	P	I	C	B
W	Q	I	U	Y	K	H	X	Y	N	L	M	L	Y	G

GNÌOMHACH
BACTERIA
LEÒN
CLIONAIG ÙR
ACRAS
FRACTURE
LAOIDH
ÀIRDE
HORMONES
DOCTOR

MUSCLES
NERVES
CNÀMHAN
SKIN
PHARMACY
REFLEX
SOLARAN
LEIGHEAS
CÒMHRADH
VIRUS

63 - Barbecues

L	Ò	N	A	E	N	I	E	G	S	N	T	O	H	F
C	R	A	E	C	N	C	I	B	Q	N	O	R	D	W
B	L	S	T	V	A	X	E	X	D	D	B	A	A	L
D	M	A	P	E	L	O	T	Ò	L	T	G	N	R	D
G	S	E	O	T	A	M	O	T	L	S	J	A	H	N
O	H	M	K	L	S	G	G	R	I	L	L	N	M	I
C	K	L	Y	G	I	G	H	F	Y	M	H	N	A	L
S	X	Z	A	Z	E	F	H	L	M	H	A	A	S	Q
A	A	X	G	S	T	N	J	U	A	H	N	M	T	R
L	L	B	X	O	R	N	X	T	N	C	W	A	S	U
A	A	C	R	A	S	A	Y	K	B	P	H	E	A	R
D	Q	V	Z	N	L	L	I	D	M	P	P	G	W	I
S	V	Z	S	A	U	C	E	C	M	V	O	A	V	D
P	V	D	P	I	O	B	A	R	H	K	C	N	R	J
A	N	D	Ì	N	N	E	A	R	I	E	I	N	K	N

HOT
SGEINEAN
LÒN
AN DÌNNEAR
CLANN
AS T-SAMHRADH
ACRAS
TEAGHLACH
MEASAN
GRILL

NA GEAMANNAN
GHLASRAICH
CEÒL
ORAN
PIOBAR
CEARC
SALADS
SAUCE
SALANN
TOMATOES

64 - Ferme #1

B	J	E	P	L	H	V	E	A	U	I	S	G	E	J
I	H	K	S	A	B	V	L	Q	C	R	A	E	C	G
F	T	R	J	O	E	S	B	J	G	H	B	V	I	E
B	E	U	L	G	E	D	D	R	C	Z	A	X	R	J
W	O	R	C	H	W	D	F	R	F	G	P	D	M	S
A	E	O	T	S	G	N	F	D	P	G	Y	N	H	R
K	S	R	M	I	R	I	V	A	C	N	P	A	E	M
C	A	F	I	Y	L	K	G	W	C	O	L	F	T	H
H	H	T	U	D	A	I	N	F	A	S	N	A	E	F
C	C	E	B	C	D	G	S	D	T	I	J	I	E	Q
P	A	T	A	S	J	C	H	E	J	B	N	W	A	P
N	E	H	A	Y	M	I	L	U	R	C	C	C	C	X
X	T	C	D	F	D	O	N	K	E	Y	Ù	O	H	G
E	I	D	H	B	Q	A	F	L	J	B	H	W	B	H
K	À	H	M	K	S	I	T	H	H	K	F	R	B	O

BEE
ÀITEACHAS
DONKEY
BISON
ACHADH
CAT
EACH
SEO
CÙ
FEANSA
CROW
UISGE
FERTILISER
HAY
MIL
CEARC
RICE
FLOC
COW
LAOGH

65 - Escalade

A	K	W	F	L	T	H	R	Y	Q	V	T	E	S	P
N	Z	J	Z	E	R	I	B	V	A	S	X	Ò	E	H
À	D	S	W	Ò	È	I	T	G	P	F	W	L	A	I
R	U	H	X	N	A	L	A	H	B	Ù	D	A	S	K
D	E	F	J	X	N	H	K	H	N	M	Q	I	M	I
B	G	L	B	J	A	G	A	H	E	F	M	C	H	N
H	L	C	O	F	D	N	A	W	M	I	S	H	A	G
A	O	U	O	P	H	I	N	E	A	R	T	E	C	N
I	V	L	T	T	N	A	Ù	J	Y	A	E	D	H	E
L	E	A	S	M	I	H	I	I	T	D	V	U	D	G
E	S	I	A	P	X	M	U	K	L	H	A	T	Q	P
R	O	D	F	O	P	U	N	I	K	U	I	I	I	A
X	U	H	G	R	E	H	M	A	U	V	V	T	G	Y
F	X	Z	F	N	W	C	E	G	Z	W	I	L	T	P
A	I	R	A	M	H	A	P	A	G	D	N	A	F	X

ALTITUDE
AN ÀRD-BHAILE
LEÒN
BOOTS
AIR A ' MHAPA
CULAIDH
DÙBHALAN
EÒLAICHE
CHUMHAING
NEART
TRÈANADH
GLOVES
UAMH
IÙIL
HIKING
SEASMHACHD

66 - Café

B	U	G	B	F	M	R	E	P	F	D	D	S	F	T
Y	A	H	Q	S	F	G	N	X	L	U	K	C	A	U
N	G	I	N	V	T	A	J	H	A	B	V	U	R	T
Y	J	Q	N	S	G	K	C	P	V	H	W	A	D	Z
M	T	X	C	N	A	O	B	F	O	I	X	A	F	B
V	N	P	N	S	E	M	H	X	R	L	J	E	P	A
I	N	T	K	R	D	C	C	W	Y	H	M	N	I	R
D	I	T	F	C	P	H	S	I	Ù	C	A	I	R	A
W	A	P	U	C	R	S	O	M	Y	O	E	E	E	N
D	D	J	I	D	I	U	Q	I	L	E	R	F	T	T
Z	A	H	S	H	S	H	E	D	V	D	C	F	T	A
C	M	K	G	O	R	I	G	I	N	D	P	A	I	S
X	Q	H	E	G	A	R	H	T	A	I	R	C	B	E
O	Z	S	B	F	N	E	Y	R	A	K	R	N	V	D
A	I	X	M	J	O	W	P	C	Q	J	S	G	W	A

BITTER
DEOCH
CAFFEINE
CREAM
UISGE
CRIATHRAG
BAINNE
LIQUID
MADAINN
GRIND
DUBH
ORIGIN
PRIS
FLAVOR
SIÙCAIR
CUPA
BARANTAS

67 - Antarctique

G	B	H	D	A	L	O	M	M	N	C	H	T	G	M
S	A	I	D	H	E	A	N	S	D	O	O	E	L	U
À	Z	M	Y	A	H	G	I	E	D	M	R	Ò	A	C
E	R	L	È	W	N	Z	Ò	K	D	H	F	T	C	A
G	Z	A	S	I	G	A	E	A	X	R	U	H	I	N
Q	P	I	I	H	N	O	E	H	L	A	I	A	E	M
D	R	J	T	N	Q	N	K	B	C	D	S	C	R	A
B	Y	R	E	P	N	D	I	U	S	H	G	H	S	R
E	I	L	E	A	N	A	N	R	K	I	E	D	O	A
C	R	E	A	G	A	C	H	Z	E	Y	A	Z	H	P
N	N	I	A	T	N	A	E	L	’	A	H	T	I	J
R	A	N	N	S	A	C	H	A	D	H	N	B	À	S
D	A	O	I	N	E	C	R	U	T	H	T	Ì	R	E
Q	G	U	V	Y	N	Q	E	Q	X	R	B	R	O	R
E	D	Z	E	N	D	O	N	W	J	R	M	B	F	Q

BÀS
MUCAN-MARA
RANNSACHADH
COMHRADH
A ’LEANTAINN
UISGE
ÀRAINN
TAISBEANADH
DAOINE
DEIGH
GLACIERS
EILEANAN
MOLADH
MÈINNIREAN
EÒIN
RUBHA
CREAGACH
SAIDHEANS
TEÒTHACHD
CRUTH-TÌRE

68 - Professions #2

F	R	P	E	T	F	Z	J	P	U	Q	O	C	J	F
M	H	R	H	G	I	U	N	R	U	I	D	X	E	A
I	Z	I	Y	Y	T	M	R	Ì	Y	E	J	X	G	R
A	E	A	A	H	S	G	N	O	E	G	R	U	S	M
X	R	T	M	C	W	I	O	M	T	W	T	E	A	E
N	H	N	Q	A	L	Z	C	H	S	J	R	L	G	R
B	G	A	V	E	D	A	C	I	A	A	E	I	A	O
V	C	E	R	K	T	J	I	Z	A	K	N	N	E	T
F	W	P	S	K	Q	N	X	R	A	N	E	G	T	N
D	E	T	E	C	T	I	V	E	M	U	D	U	A	E
F	O	I	L	L	S	I	C	H	E	A	R	I	E	V
T	B	I	O	L	O	G	I	S	T	M	A	S	L	N
N	E	A	C	H	D	E	I	L	B	H	G	T	Ì	I
Z	O	O	L	O	G	I	S	T	R	M	M	J	P	B
W	Q	R	R	A	N	N	S	A	C	H	A	D	H	E

FARMER
PRÌOMH
BIOLOGIST
RANNSACHADH
SURGEON
FHIACLAIR
DETECTIVE
TEAGASG
FOILLSICHEAR
NEACH-DEILBH
INVENTOR
GARDENER
URNUIGH
LINGUIST
PHYSICIAN
PEANTAIR
B ' E
PÌLEAT
ZOOLOGIST

69 - Les Abeilles

I	P	S	F	Z	B	Z	G	L	D	N	S	N	V	D
K	U	O	F	J	H	L	N	S	I	B	P	M	T	F
J	V	I	A	I	R	N	O	B	W	G	D	E	Z	N
Z	L	L	J	N	O	K	P	S	Y	S	J	A	Q	R
À	R	A	I	N	N	E	A	N	S	X	A	S	L	M
V	U	I	R	M	E	V	A	K	M	O	V	A	R	Y
A	H	B	Z	T	D	I	A	A	X	I	M	N	G	N
D	I	D	O	B	P	H	G	I	R	N	A	H	B	A
E	C	O	S	Y	S	T	E	M	W	L	F	O	F	S
S	G	I	A	T	H	A	N	E	D	R	A	G	L	U
F	E	A	R	C	I	U	I	L	W	Y	S	W	O	L
T	R	U	A	I	L	L	E	A	D	H	W	I	W	Z
S	M	O	W	A	X	G	P	O	P	L	A	V	E	J
U	R	M	V	E	A	U	B	W	J	B	R	X	R	X
N	I	D	L	E	A	S	N	A	S	G	M	K	S	Q

SGIATHAN
FEAR-CIUIL
WAX
DLEASNAS
SWARM
ECOSYSTEM
BLOSSOM
FLOWERS
MEASAN
SMO

ÀRAINNEAN
DH'
GARDEN
MIL
BIA
LUSAN
TRUAILLEADH
A ' BHANRIGH
HIVE
DIDO

70 - Santé et Bien Être #2

A	U	H	D	A	R	H	M	O	C	L	O	A	V	N
G	P	B	T	P	O	L	B	N	V	C	S	L	I	J
Q	J	U	R	P	R	V	L	S	R	Q	P	L	T	B
T	S	D	A	E	I	E	S	T	Y	F	I	E	A	I
H	W	A	W	T	A	G	C	E	M	G	D	R	M	N
D	H	Z	N	I	L	A	I	O	U	S	A	G	I	F
A	E	F	P	T	A	S	T	C	V	S	L	Y	N	E
H	N	A	L	E	G	S	E	A	S	E	Y	T	U	C
C	E	A	E	X	N	A	N	L	T	R	R	T	R	T
A	I	H	T	Ù	L	M	E	O	U	T	D	Y	N	I
H	G	F	N	O	B	T	G	R	S	S	M	R	U	O
T	Y	H	I	I	M	G	J	I	Z	A	H	F	I	N
A	H	Y	À	X	I	Y	U	E	S	X	M	O	G	W
E	P	W	L	H	J	B	H	S	C	W	P	V	H	P
B	K	B	S	D	E	H	Y	D	R	A	T	I	O	N

ALLERGY
ANATOMY
APPETITE
CALORIE
COMHRADH
DEHYDRATION
LÙTH
GENETICS
OSPIDAL
HYGIENE
INFECTION
GALAIR
MASSAGE
BEATHACHADH
URNUIGH
RECOVERY
SLÀINTE
DUBH
STRESS
VITAMIN

71 - Conduite

A	I	R	A	M	H	A	P	A	C	À	R	M	G	M
S	À	B	H	A	I	L	T	E	A	C	H	D	A	O
W	A	Y	H	N	H	D	I	A	R	À	L	L	R	T
K	Z	G	Z	S	A	L	U	A	X	V	T	N	A	O
N	A	G	A	O	I	T	H	E	N	K	J	X	G	R
E	B	B	C	L	Z	T	L	V	L	U	C	O	E	C
B	H	O	C	H	U	N	N	A	R	T	T	O	P	Y
V	T	R	A	F	A	I	G	B	R	A	K	E	S	C
I	Y	S	F	L	O	I	L	O	C	I	T	C	V	L
P	O	L	I	C	E	X	W	P	E	B	I	Q	P	E
C	P	D	T	A	O	T	D	T	A	R	G	W	Y	T
W	M	P	E	M	B	U	L	H	D	A	N	N	O	C
R	A	T	H	A	D	U	S	V	R	U	Z	O	S	M
V	B	G	N	A	I	R	T	S	E	D	E	P	O	L
C	Ò	M	H	D	H	A	I	L	M	M	K	E	C	M

TUBAIST
LÀRAIDH
CONNADH
AIR A ' MHAPA
BHO CHUNNART
BRAKES
GARAGE
GAS
CEAD
CO
MOTORCYCLE
PEDESTRIAN
POLICE
RATHAD
SÀBHAILTEACHD
TRAFAIG
CÒMHDHAIL
TUNAIL
NA GAOITHE
CÀR

72 - Plantes

B	M	V	J	O	S	À	F	M	G	R	L	J	B	A
L	E	Q	Z	W	U	J	L	A	T	E	P	M	E	G
A	A	A	I	F	E	N	Ò	B	D	T	O	O	R	G
O	Q	H	N	G	J	H	R	B	U	S	H	S	R	H
I	S	V	Q	Z	Y	N	A	T	O	B	A	S	Y	E
D	U	O	M	V	V	R	I	G	G	E	E	R	T	F
H	T	A	D	M	N	E	D	R	A	G	K	R	G	O
E	C	S	K	A	T	S	H	S	Q	A	Y	Q	N	R
B	A	M	B	Ù	F	I	Y	K	I	I	O	V	C	E
I	C	Y	K	D	C	L	I	V	Y	L	C	X	M	S
T	U	D	V	E	Q	I	Ù	M	P	O	U	M	V	T
A	J	Z	F	A	V	T	M	R	Z	F	K	T	F	B
I	U	N	T	G	F	R	H	R	E	R	I	O	C	W
A	U	C	D	B	W	E	M	K	Y	E	K	A	B	I
Z	M	M	N	L	M	F	V	S	G	P	U	F	R	X

TREE
BERRY
BAMBÙ
BOTANY
BUSH
CACTUS
FERTILISER
FOLIAGE
FLÙR
FLÒRAIDH

FOREST
FÀS
BEAN
GRAS
GARDEN
IVY
MOSS
PETAL
ROOT
LAOIDH

73 - Ferme #2

O	G	A	E	L	L	I	U	D	G	O	X	P	J	A
R	N	L	I	A	H	X	I	B	A	I	N	N	E	N
C	O	X	A	B	A	R	L	E	Y	W	D	T	C	T
H	I	C	I	S	F	A	M	U	H	J	N	R	R	S
A	T	F	B	Y	R	M	B	T	A	S	D	A	I	A
R	A	S	A	R	I	A	F	T	E	B	B	C	O	B
D	G	I	C	E	T	L	I	X	U	N	F	T	C	H
W	I	N	D	M	I	L	L	C	W	N	I	A	A	A
O	R	A	N	R	L	H	U	N	H	V	N	R	G	I
D	R	L	D	A	J	W	H	X	B	D	X	A	Q	L
A	I	A	E	F	M	E	A	S	A	N	I	Y	G	A
E	A	I	N	M	E	A	C	H	A	D	H	Ò	J	M
M	S	H	H	O	V	C	Z	U	C	I	N	R	E	N
C	H	R	U	I	T	H	N	E	A	C	H	D	P	G
A	C	F	D	Y	A	X	U	S	A	F	J	M	V	I

LITIR
FARMER
AINMEACHADH
CHRUITHNEACHD
TUNNAG
MEASAN
AN T-SABHAIL
IRRIGATION
BAINNE
LLAMA
GLASRAICH
COIRCE
WINDMILL
DUILLEAG
BIA
GEÒIDH
BARLEY
MEADOW
TRACTAR
ORCHARD

74 - Vacances #2

E	Q	P	M	H	E	M	W	W	N	S	L	E	S	C
B	Y	A	O	W	C	Q	E	K	Z	T	A	E	S	Ò
V	Q	S	L	C	I	Y	X	A	B	Y	O	W	N	M
H	J	S	A	R	B	J	X	T	R	N	I	È	C	H
V	H	P	I	H	M	P	H	I	W	C	D	M	P	D
N	E	O	D	B	P	T	A	J	J	H	H	I	Y	H
T	O	R	H	C	A	M	P	A	D	H	Y	D	G	A
A	X	T	E	H	D	I	U	N	N	A	E	H	C	I
I	T	T	A	G	I	H	D	I	A	S	C	A	T	L
G	V	R	N	A	D	A	H	C	A	E	S	R	U	C
H	I	O	È	E	B	E	A	C	H	O	L	L	A	R
Ò	S	P	M	A	T	J	R	N	Y	Z	L	I	H	J
S	A	R	U	T	N	A	H	B	L	A	E	D	E	E
T	P	I	B	R	O	V	T	F	H	C	W	R	Q	E
A	P	A	H	M	A	R	I	A	W	G	J	U	B	V

AIRPORT
CAMPADH
AIR A ' MHAPA
CHEANN-UIDHE
CÈIN
TAIGH-ÒSTA
EILEAN
CUR-SEACHADAN
SEA
PASSPORT
DEALBHAN
BEACH
MOLAIDHEAN
TACSAIDH
TENT
TRÈAN
CÒMHDHAIL
LAOIDH
VISA
TURAS

75 - Éthique

T	R	E	I	B	H	D	H	I	R	E	A	S	D	Z
M	Q	R	Z	J	U	H	V	S	P	P	T	U	A	X
A	L	T	R	U	I	S	M	T	A	T	N	R	O	S
K	N	F	N	I	T	K	E	N	X	E	A	N	I	C
E	W	A	H	O	Y	U	I	S	I	B	S	A	N	O
U	L	U	A	C	H	A	N	N	T	V	U	I	E	O
Q	R	Q	H	K	E	Q	J	K	D	O	E	G	N	B
W	B	R	D	Z	E	F	W	G	Y	N	R	H	A	R
X	R	B	A	W	X	Q	V	I	K	O	E	Y	D	A
V	X	B	L	M	A	G	T	P	S	O	Y	S	A	C
G	F	W	H	D	A	R	M	O	I	D	D	T	S	H
A	N	U	G	E	T	R	I	U	H	T	O	J	A	A
D	H	C	A	N	A	S	L	L	A	E	F	M	U	D
R	S	K	I	O	P	T	I	M	I	S	M	E	L	H
C	U	V	R	M	O	D	H	A	I	L	Q	V	G	Z

ALTRUISM
IOMRADH
CO-OBRACHADH
URRAM
IS
KINDNESS
URNAIGH
DAOINE
THUIRT E GUN
TREIBHDHIREAS
OPTIMISM
FEALLSANACHD
REUSANTA
RIAGHLADH
MODHAIL
GLUASADAN
WISDOM
LUACHAN

76 - Temps

S	H	D	L	Y	E	J	D	T	D	S	Q	D	D	S
K	E	C	I	D	H	C	A	E	T	I	R	M	À	E
M	J	N	N	A	C	H	G	I	A	N	R	U	C	A
B	Ì	C	N	E	H	A	N	H	D	A	I	L	B	C
L	X	O	S	H	D	N	I	H	I	C	A	M	A	H
I	K	L	S	C	I	E	À	K	A	B	U	Ì	R	D
A	V	C	W	I	O	I	H	Z	N	S	F	O	Q	A
D	Y	T	E	E	A	L	M	M	O	S	Z	S	F	I
H	O	H	Q	D	N	N	A	K	I	J	J	A	V	N
N	A	L	B	E	I	N	D	N	M	L	L	C	Y	U
A	P	K	I	Z	N	X	F	È	L	H	X	H	R	W
I	T	H	M	A	D	A	I	N	N	A	P	A	M	T
L	C	L	K	Q	U	G	B	Y	X	H	T	N	L	P
B	M	F	L	B	B	N	C	L	N	B	T	H	J	K
E	M	U	S	N	P	R	A	X	M	X	N	C	A	B

BLIADHNA
BLIADHNAIL
A-MHÀIN
MUS
URNAIGH
MÌOSACHAN
DEICHEAD
ÀM RI TEACHD
UAIR
AN-DÈ
CLOC
LATHA
A-NIS
MADAINN
CHAN EIL
MIONAID
MÌOS
OIDHCHE
SEACHDAIN
LINN

77 - Immigration

R	I	A	N	A	C	H	D	F	A	T	N	O	A	C
C	B	V	A	R	E	I	N	B	H	I	C	H	F	A
N	O	M	J	Z	Y	A	O	N	T	J	Z	G	R	H
E	T	N	S	J	U	U	Ì	U	A	Z	Z	A	E	S
Ò	Y	J	A	S	B	X	D	J	L	N	Y	L	A	U
N	Y	Y	E	L	Z	E	R	Q	N	C	D	N	G	I
A	K	A	S	L	T	L	H	E	N	I	R	I	A	D
C	I	Y	I	Q	H	R	X	J	A	P	T	E	I	H
H	M	S	Ò	K	H	D	A	I	E	L	Q	R	R	E
A	T	V	R	I	R	U	U	D	C	S	E	N	T	A
D	T	T	P	O	C	X	N	A	H	C	O	Ì	R	C
H	Y	D	E	O	À	N	Y	Y	O	G	J	X	X	H
M	A	O	I	N	N	A	L	C	U	V	I	X	E	A
W	D	X	F	A	A	O	I	F	I	G	E	A	R	D
Q	H	Y	T	N	N	S	T	R	E	S	S	Q	T	H

RIANACHD
INBHICH
AID
AONTA
CONALTRADH
CEANN-LATHA
CLANN
MAOIN
CRÌOCHAN
CÀNAN
TAIGH
LAGH
NEÒNACHADH
OIFIGEAR
PRÒISEAS
DÌON
SUIDHEACHADH
FREAGAIRT
STRESS

78 - Maison

A	L	L	A	B	S	S	B	V	Q	N	S	B	G	G
W	C	R	E	K	W	O	M	Y	G	N	Z	W	D	A
S	I	H	G	I	U	N	R	U	X	A	R	H	X	R
E	T	L	I	E	C	O	S	B	A	L	R	H	O	A
Y	T	S	W	D	D	F	K	R	V	R	M	D	S	G
R	A	M	Ò	E	S	A	R	O	D	A	O	Q	E	E
E	K	R	P	V	L	I	Y	O	G	H	L	H	P	N
W	P	Z	K	K	A	E	N	M	O	B	A	M	F	M
X	B	V	U	I	M	X	L	A	E	A	D	S	E	U
S	S	R	D	P	P	X	H	G	X	E	H	X	A	L
U	X	G	A	B	A	G	D	E	W	L	M	L	N	L
F	A	K	Z	T	T	E	A	L	L	A	C	H	S	A
I	U	C	H	R	A	I	C	H	E	A	N	X	A	C
O	Z	C	A	M	H	À	I	N	N	G	D	G	M	H
S	T	K	R	C	C	C	U	R	T	A	I	N	S	L

BROOM
LEABHARLANN
SEÒMAR
TEALLACH
IUCHRAICHEAN
FEANSA
A ' CHIDSIN
A-MHÀIN
URNUIGH
GARAGE

ATTIC
GARDEN
LAMPA
MOLADH
BALLA
CEILTE
DORAS
CURTAINS
BRAT
MULLACH

79 - Légumes

P	W	X	Q	Y	Y	G	C	Y	J	A	K	O	B	Q
U	S	S	Z	L	P	I	G	G	Z	A	D	U	R	U
M	C	H	U	J	R	N	A	R	R	U	C	W	O	G
P	B	E	A	E	P	G	F	B	Q	W	D	N	C	N
K	U	K	L	L	L	E	V	I	L	O	Y	H	C	C
I	I	O	F	E	L	R	R	A	D	I	S	H	O	A
N	L	H	E	B	R	O	S	E	P	T	N	X	L	M
C	E	C	A	M	M	Y	T	L	Y	E	K	T	I	T
U	A	I	M	O	N	I	O	N	I	L	H	J	P	U
C	N	T	A	O	S	H	X	I	A	A	S	O	D	R
U	N	R	I	R	F	K	N	U	U	D	S	T	Q	N
M	B	A	N	H	P	A	R	S	L	E	Y	A	M	I
B	N	U	N	S	U	M	I	J	A	A	A	M	I	P
E	U	X	N	U	W	P	X	Q	K	P	W	O	I	D
R	B	K	C	M	E	G	G	P	L	A	N	T	D	Z

FEAMAINN
ARTICHOKE
EGGPLANT
BROCCOLI
CURRAN
CELERY
MUSHROOM
PUMPKIN
CUCUMBER
SHALLOT
SLIASAID
GINGER
TURNIP
ONION
OLIVE
PARSLEY
PEA
RADISH
BUILEANN
TOMATO

80 - Plage

F	D	S	T	A	O	B	L	I	A	S	P	J	J	P
J	O	A	P	U	K	S	À	D	V	Q	U	J	K	G
E	C	N	D	S	N	O	I	T	A	C	A	V	J	C
R	T	D	I	K	R	W	Q	N	A	E	L	I	E	K
S	G	A	D	L	M	S	U	M	F	L	Q	D	H	L
E	P	L	O	P	X	L	A	T	G	L	S	Q	D	C
Y	A	S	I	Y	K	G	C	S	A	N	D	Y	P	R
R	J	R	U	S	O	I	N	E	L	I	A	L	P	A
J	U	F	D	B	J	T	S	U	L	À	B	E	U	B
H	J	I	G	Y	E	Z	W	K	E	H	E	W	C	C
M	L	J	E	V	G	S	F	K	R	M	T	O	S	O
L	A	G	O	O	N	B	E	X	B	A	P	T	H	U
V	W	X	W	R	H	D	K	A	M	R	O	G	C	C
J	A	O	R	F	K	B	A	W	U	O	K	H	I	L
S	N	L	Y	B	V	E	S	P	E	M	V	E	T	T

BÀTA
GORM
A-MHÀIN
CRAB
DOC
EILEAN
LAGOON
SEA
OCEAN
UMBRELLA
JERSEY
SAND
SANDALS
TOWEL
DIDO
VACATION
SAILBOAT

81 - Famille

S	J	M	B	S	W	W	A	U	A	I	R	M	S	M
N	E	B	S	E	R	A	H	G	O	T	N	A	E	À
P	Z	A	X	O	A	K	Ò	I	H	V	W	T	A	T
N	Q	H	N	C	Y	N	I	D	O	G	M	E	N	H
V	H	A	A	A	Q	M	G	N	Q	W	S	R	M	A
I	T	Y	E	D	I	Z	E	R	T	N	H	N	H	I
N	E	P	H	E	W	R	D	U	I	N	E	A	A	R
N	M	M	G	O	K	A	Q	J	B	A	S	L	I	E
X	F	B	I	J	B	H	V	B	H	L	H	D	R	H
F	L	A	N	R	E	T	A	P	X	C	P	T	D	T
G	H	H	B	T	M	U	W	A	S	P	M	K	A	O
T	M	G	E	P	A	I	A	N	C	E	S	T	O	R
K	V	O	I	U	Z	P	C	U	I	M	H	N	E	B
I	V	O	B	J	T	G	M	I	C	S	V	U	E	P
F	V	C	J	W	Z	C	H	Q	K	O	V	A	M	P

ANCESTOR
CO-OGHA
A H-ÒIGE,
CLANN
BEAN
NIGHEAN
BROTHER
SEANMHAIR
SEANAIR
DUINE
MATERNAL
MÀTHAIR
NEPHEW
CUIMHNE
UAIR
PATERNAL
AN T-OGHA,
ATHAIR
PIUTHAR
AUNT

82 - Oiseaux

U	T	G	V	A	P	C	W	T	B	N	L	L	O	F
R	O	U	C	A	H	Y	A	L	A	E	A	Y	B	L
S	U	R	I	C	Q	A	M	N	A	U	Q	Z	H	A
C	C	X	B	Y	N	S	M	O	A	C	O	M	A	M
V	A	L	U	Q	P	U	E	E	S	R	J	N	O	I
C	N	F	W	N	F	N	M	G	B	E	Y	D	S	N
H	G	U	Y	G	Z	N	P	I	W	Y	I	N	T	G
U	M	D	K	E	N	A	Y	P	D	O	V	E	R	O
T	U	N	H	D	A	D	T	L	T	B	R	J	I	T
H	C	E	A	R	C	G	O	C	A	E	P	C	C	B
A	A	S	I	B	I	A	L	M	S	Q	G	C	H	E
G	T	O	T	F	L	N	L	E	T	O	R	R	A	P
H	R	O	X	J	E	N	U	G	O	Y	B	W	H	I
W	M	G	C	D	P	U	G	M	R	W	Y	L	K	P
K	L	L	E	H	W	T	D	M	K	Y	K	L	L	Q

EAGLE
OSTRICH
TUNNAG
CANARY
STORK
DOVE
CROW
CHUTHAG
EALA
FLAMINGO
EMMA
GULL
UGH
GOOSE
PEACOG
PARROT
PELICAN
PIGEON
CEARC
TOUCAN

83 - Disciplines Scientifiques

P	S	Y	C	H	O	L	O	G	Y	N	O	B	B	A
A	H	N	X	I	X	F	V	S	Y	G	M	I	F	S
B	M	J	Q	Q	L	C	S	A	M	Y	M	O	N	T
R	O	M	I	N	E	R	A	L	O	G	Y	C	Y	R
B	O	T	X	U	E	F	L	Ò	T	O	G	H	Z	O
I	I	B	A	O	G	L	Ò	E	A	L	O	E	N	N
M	I	O	O	N	S	V	E	G	N	O	L	M	N	O
M	B	W	L	T	Y	M	C	U	A	I	O	I	E	M
U	H	E	A	E	I	B	R	Y	X	S	C	S	U	Y
N	C	D	X	T	A	C	A	K	S	Y	E	T	R	G
O	A	Y	T	M	E	C	S	O	J	H	Z	R	O	K
L	N	A	C	T	F	L	H	U	T	P	D	Y	L	R
O	R	C	H	A	I	D	H	D	H	B	C	U	O	Q
G	I	M	E	C	H	A	N	I	C	S	Q	A	G	Z
Y	A	C	À	N	A	N	A	C	H	A	S	B	Y	M

ANATOMY
ARC-EÒLAS
ASTRONOMY
BIOCHEMISTRY
BIOLEACHD
BOTANY
NOUN
ECOLOGY
GEÒLAS
IMMUNOLOGY
CÀNANACHAS
MECHANICS
AIR NACH BI I
MINERALOGY
NEUROLOGY
PHYSIOLOGY
PSYCHOLOGY
ROBOTICS
CHAIDH

84 - Maladie

W	P	P	F	S	G	C	P	K	O	H	C	T	Q	R
P	U	I	V	Y	L	A	N	I	M	O	D	B	A	I
C	L	C	U	G	Q	À	K	E	W	P	F	H	G	E
R	M	E	W	M	Y	H	I	C	N	À	M	H	A	N
I	O	Z	E	M	O	R	D	N	Y	S	Y	G	H	C
D	N	J	Z	M	D	A	X	E	T	V	R	I	B	H
H	A	Y	H	T	A	P	O	R	U	E	N	U	G	R
E	R	A	B	M	U	L	L	A	G	W	W	N	I	O
S	Y	G	A	B	H	A	L	T	A	C	H	R	N	N
I	M	M	U	N	I	T	Y	Y	D	F	A	U	E	I
C	O	M	H	R	A	D	H	U	Y	J	U	G	A	C
I	N	F	L	A	M	M	A	T	I	O	N	F	D	Z
F	P	A	L	L	E	R	G	I	E	S	V	M	A	W
Z	F	R	E	A	G	A	I	R	T	Z	F	W	C	F
A	L	E	I	G	H	E	A	S	X	F	X	R	H	O

ABDOMINAL
ALLERGIES
URNUIGH
CHRONIC
GABHALTACH
COMHRADH
CRIDHE
LAG
GINEADACH
BHA
IMMUNITY
INFLAMMATION
LUMBAR
NEUROPATHY
CNÀMHAN
PULMONARY
FREAGAIRT
SLÀINTE
SYNDROME
LEIGHEAS

85 - Univers

A	W	A	M	G	D	U	E	L	N	A	H	M	O	D
S	Z	S	D	A	U	M	Q	O	L	M	Q	J	W	O
T	N	T	A	L	A	P	A	N	A	L	A	N	S	M
R	N	R	J	A	N	S	S	E	N	K	R	A	D	H
O	Z	O	R	X	N	A	T	O	I	F	W	N	H	A
N	O	N	O	Y	I	F	N	E	L	S	L	V	R	N
O	D	O	V	M	A	O	U	L	R	S	Y	C	M	F
M	I	M	I	Z	T	I	Q	M	V	O	T	H	D	H
E	A	Y	G	L	L	R	V	C	T	N	I	I	O	A
R	C	K	J	P	L	U	D	R	O	F	A	D	C	D
C	J	S	G	T	A	U	R	N	U	I	G	H	H	E
G	P	S	B	J	E	R	E	H	P	S	I	M	E	H
R	E	U	L	C	H	U	A	I	R	T	Z	S	Q	A
S	Z	C	I	M	S	O	C	G	P	Y	G	S	H	C
S	V	E	L	I	A	H	B	D	R	À	N	A	O	B

ASTEROID
ASTRONOMER
ASTRONOMY
AN ÀRD-BHAILE
SKY
COSMIC
URNUIGH
GALAXY
HEMISPHERE
MA
DOMHAN-LEUD
DOMHAN-FHAD
MOON
DARKNESS
REUL-CHUAIRT
PANALAN
SOLSTICE
LE
A SHEALLTAINN
ZODIAC

86 - Géographie

H	A	P	T	T	R	N	N	A	I	D	I	R	E	M
T	E	B	Z	P	K	X	S	G	D	O	A	D	Y	T
A	E	M	H	O	C	E	A	N	W	M	N	Ù	T	F
U	M	G	I	A	N	N	L	W	H	H	G	T	S	U
T	M	W	L	S	I	V	T	Z	V	A	X	H	A	P
K	U	C	L	X	P	N	A	K	P	N	W	C	O	S
K	U	L	N	T	S	H	N	O	T	L	F	H	G	Q
O	C	B	O	Y	N	A	E	L	I	E	M	A	H	X
A	L	T	I	T	U	D	E	R	R	U	O	S	A	C
Z	V	G	G	H	G	Q	Y	A	E	D	I	O	I	I
A	'	L	E	A	N	T	A	I	N	N	R	H	L	T
N	D	E	R	O	W	B	Z	F	D	F	E	R	D	Y
U	N	E	Q	L	B	H	M	X	I	Z	Y	V	X	F
S	E	A	A	P	A	H	M	A	R	I	A	D	J	R
L	J	H	M	S	X	M	Y	S	L	Q	X	S	S	I

ALTITUDE
ATLAS
AIR A ' MHAPA
A 'LEANTAINN
ABHAINN
HEMISPHERE
EILEAN
DOMHAN-LEUD
SEA
MERIDIAN
T-SAOGHAIL
MOIRE
TUATH
OCEAN
IAR
DÙTHCHAS
REGION
DEAS
RI
CITY

87 - Bâtiments

T	W	X	E	M	M	S	T	S	O	F	M	A	O	M
A	B	B	U	Ò	T	H	P	H	K	X	E	V	D	J
I	E	B	C	R	O	X	L	A	E	T	S	I	A	C
G	Z	Z	U	B	H	D	I	A	R	A	T	C	A	F
H	L	I	A	H	B	A	S	T	N	A	T	E	W	V
Ò	K	W	J	Ù	C	C	I	N	E	M	A	R	H	B
S	O	R	À	T	U	A	U	R	N	U	I	G	H	M
T	T	P	Y	H	F	C	R	E	M	B	A	S	S	Y
A	L	E	W	Q	U	N	N	B	C	A	T	E	N	T
D	H	E	I	R	E	A	D	H	O	A	L	G	A	E
S	L	U	A	C	Z	I	R	Y	A	H	B	G	K	T
G	A	L	G	A	R	A	G	E	Z	I	T	I	J	Ù
O	T	E	A	V	A	C	S	O	B	Q	H	Ù	N	R
I	H	J	X	Y	R	O	T	A	V	R	E	S	B	O
L	A	E	S	O	S	P	I	D	A	L	G	Z	X	L

EMBASSY
ÀROS
BÙTH-OBRACH
CABIN
CAISTEAL
CINEMA
SGOIL
GARAGE
AN T-SABHAIL
OSPIDAL
TAIGH-ÒSTA
LATHA
OBSERVATORY
DHEIREADH
MÒR-BHÙTH
TENT
THEATR
TÙR
URNUIGH
FACTARAIDH

88 - Livres

Y	G	I	N	V	E	N	T	I	V	E	E	I	N	T
S	U	S	G	E	U	L	A	C	H	D	A	O	O	R
A	S	C	A	E	H	T	O	C	S	B	C	M	B	A
S	F	U	D	S	K	L	D	R	M	D	H	C	H	I
D	D	A	O	N	N	A	D	U	N	K	D	H	A	G
H	À	P	L	I	T	I	R	I	J	K	R	A	I	H
C	D	N	A	A	Q	L	E	N	X	I	A	I	L	I
A	D	U	Z	G	N	X	D	N	B	U	I	D	P	D
N	E	E	A	Q	E	E	A	E	À	Q	D	H	I	E
À	L	G	U	L	R	L	E	A	R	N	H	P	G	A
D	J	R	N	Z	I	A	R	C	D	T	G	F	S	C
P	H	U	R	Y	M	T	I	H	A	E	V	F	W	H
N	J	D	A	D	W	O	Y	A	C	L	P	M	E	O
S	R	A	I	T	H	R	A	D	H	G	Ù	X	P	B
S	T	È	I	D	H	J	P	H	D	T	U	J	T	B

ÙGHDAR
DÀNACHD
CRUINNEACHADH
CO-THEACSA
DUALITY
GU
SGEULACHD
EACHDRAIDH
DAONNA
INVENTIVE
READER
LITIR
STÈIDH
PAGE
IOMCHAIDH
DÀN
BÀRDACHD
NOBHAIL
SRAITH
TRAIGHIDEACH

89 - Pays #2

K	R	A	R	D	X	C	S	O	H	T	À	L	I	A
E	A	N	N	I	R	I	È	Ì	H	M	K	R	A	N
N	S	F	A	I	L	I	À	M	O	S	V	U	P	D
Y	L	H	E	D	A	S	I	N	A	N	Z	C	A	A
A	W	R	C	O	U	N	U	A	Q	W	A	S	N	N
U	F	A	U	R	E	S	N	N	I	D	N	N	I	M
O	C	I	X	E	M	V	I	Y	E	M	E	N	T	H
S	U	N	I	A	R	G	U	U	W	T	T	D	I	A
W	C	G	W	G	G	U	Y	C	R	T	P	I	A	I
T	C	C	V	C	W	R	W	Y	A	N	V	A	H	R
S	O	L	P	A	C	A	S	T	A	N	A	M	J	C
A	L	B	À	I	N	I	A	T	N	B	Z	E	V	O
M	B	T	W	Q	Q	B	W	V	W	A	P	U	F	B
L	E	A	B	A	N	O	N	F	F	Z	R	G	Q	X
Z	S	G	X	T	K	X	K	V	A	D	M	A	V	X

ALBÀINIA
SÌONA
AN DANMHAIRC
NA
AN FHRAING
HAITI
INND INNSE
ÈIRINN
DIAMEUGA
IAPAN
KENYA
LÀTHOS
LEABANON
MEXICO
PACASTAN
AN RUIS
SOMÀILIA
SUDAN
YEMEN
UGRAIN

90 - Fournitures d'Art

U	C	H	B	U	D	C	N	I	Q	M	Z	E	E	P
W	I	X	E	R	A	E	P	I	À	P	C	R	V	C
E	R	S	U	C	U	L	G	M	I	V	Q	A	C	A
U	M	C	G	O	V	I	Q	V	H	T	W	S	P	T
T	P	Q	Q	E	H	F	S	L	I	C	N	E	P	H
B	E	A	C	H	D	A	N	E	U	L	G	R	K	R
T	B	Y	M	J	H	O	L	N	A	H	T	A	D	A
C	E	A	S	E	L	G	C	J	L	N	K	D	G	I
A	A	L	W	A	T	E	R	C	O	L	O	R	S	C
M	C	C	R	A	Q	D	C	Z	F	I	J	Q	Y	H
A	R	À	L	C	D	Q	V	F	I	C	L	M	K	E
R	Y	C	R	U	T	H	A	C	H	A	D	H	X	A
A	L	N	Z	T	W	G	R	D	J	J	T	O	H	W
G	I	D	U	Q	N	Q	S	Z	N	B	U	H	K	O
A	C	Q	V	I	T	T	M	F	S	G	E	P	P	A

ACRYLIC
WATERCOLORS
CLAY
BRUISEAN
CAMARA
CATHRAICHE
EASEL
GLUE
DATHAN
PENCILS
CRUTHACHADH
UISGE
INC DUBH
ERASER
OLA
BEACHDAN
PÀIPEAR
CLÀR

91 - Compétences Professionnelles

B	H	B	G	H	C	A	D	H	C	A	E	F	I	È
D	R	G	M	F	O	M	V	D	I	A	G	C	H	R
S	E	P	W	R	O	G	G	A	T	D	N	R	X	I
W	B	S	D	I	P	I	Q	H	A	A	C	U	C	A
Q	K	P	I	E	E	C	R	C	M	P	E	T	O	G
H	G	I	U	N	R	U	O	A	S	T	A	H	N	H
A	A	R	R	D	A	A	V	L	I	A	N	A	A	L
M	T	F	P	L	T	G	S	L	R	B	N	C	L	A
R	O	T	X	Y	I	W	R	U	A	L	A	H	T	D
I	W	D	E	P	V	B	T	O	H	E	R	A	R	H
M	F	U	H	N	E	E	O	G	C	R	D	I	A	Q
F	Ì	O	R	A	T	H	O	E	H	B	A	L	D	Q
A	G	V	Z	Y	I	I	M	Q	L	R	S	D	H	H
I	A	C	Q	E	R	L	V	E	A	N	P	I	K	H
D	D	H	C	A	R	G	A	E	R	F	Q	K	C	I

ADAPTABLE
FRIENDLY
ATTENTIVE
FÌOR
CHARISMATIC
CONALTRADH
COOPERATIVE
CRUTHACHAIL
DH'
ÈIFEACHDACH
RIAGHLADH
URNUIGH
CEANNARDAS
ORGANISED
ULLACHADH
MODHAIL
FREAGRACH

92 - Jazz

S	T	O	I	D	H	L	E	S	Q	U	A	E	F	C
E	L	E	A	S	A	C	H	A	D	H	I	O	Q	J
A	L	U	C	H	D	C	I	Ù	I	L	N	I	X	M
L	V	U	Z	T	V	U	R	P	S	D	M	A	O	J
A	L	J	E	Y	D	Q	A	S	R	Ò	E	S	R	M
I	C	U	I	D	E	A	M	S	C	Ù	I	Q	N	Ò
N	D	G	M	T	R	E	C	N	O	C	L	H	K	F
O	R	C	H	E	S	T	R	A	M	E	P	D	Y	A
T	B	E	T	Z	I	N	C	A	H	Ò	C	V	J	I
Z	S	V	Y	L	O	A	G	V	R	L	N	T	C	G
U	W	U	H	T	A	L	Q	M	A	F	M	R	I	H
P	R	D	R	O	H	À	E	N	D	O	X	R	A	I
C	X	E	V	H	D	T	M	C	H	C	L	À	R	N
D	D	R	U	M	A	I	C	H	E	A	N	J	Q	N
T	E	C	H	N	I	Q	U	E	I	C	K	G	G	I

CUIDEAM
CLÀR
EALAIN
AINMEIL
ÒRAN
COMHRADH
CONCERT
FAIGHINN
SEÒRSA
LEASACHADH
LUCHD-CIÙIL
CEÒL
ÙR
ORCHESTRA
RHYTHM
STOIDHLE
TÀLANT
DRUMAICHEAN
TECHNIQUE
A DH'AOIS

93 - Paysages

J	N	N	C	N	E	B	O	N	C	E	B	H	C	M
W	V	V	Q	K	Z	E	Q	S	D	V	G	R	E	O
O	I	X	C	C	I	A	O	I	W	J	K	K	A	U
N	K	T	I	H	J	C	T	S	A	A	U	N	N	N
T	U	N	D	R	A	H	M	A	U	H	M	B	G	T
V	N	Q	G	E	T	S	O	O	G	B	W	P	L	A
P	H	R	S	E	F	U	L	L	E	U	G	V	A	I
W	A	T	E	R	F	A	L	L	Y	R	L	O	I	N
D	E	S	E	R	T	I	I	I	S	E	A	L	C	N
K	S	A	W	T	I	D	C	H	E	A	C	C	H	I
K	P	V	P	A	S	C	V	E	R	G	I	A	E	A
V	V	B	J	T	P	B	T	H	B	S	E	N	A	H
M	G	D	V	A	L	L	E	Y	T	E	R	O	N	B
D	U	Y	G	J	R	Q	Z	G	P	J	R	E	W	A
E	I	L	E	A	N	K	F	L	A	K	E	G	E	A

WATERFALL
HILL
DESERT
CEANGLAICHEAN
ABHAINN
GEYSER
GLACIER
UAMH
ICEBERG
EILEAN
LAKE
SWAMP
SEA
MOUNTAIN
OASIS
RUBHA
BEACH
TUNDRA
VALLEY
VOLCANO

94 - Pays #1

S	V	P	R	O	M	À	I	N	I	A	R	Q	C	T
U	B	L	H	Y	T	P	R	O	D	A	U	C	A	E
O	W	T	L	I	A	M	R	A	E	H	G	A	N	S
M	D	H	C	A	L	B	O	P	M	F	H	M	A	E
A	L	A	W	I	R	L	H	K	O	M	M	A	D	V
I	H	T	V	B	T	L	I	A	D	A	E	N	A	B
D	G	Q	K	I	P	S	S	P	C	F	M	A	M	R
H	X	O	R	L	T	D	K	Z	P	U	J	P	H	A
N	I	R	R	I	B	H	I	D	H	I	B	C	S	Z
N	N	I	A	L	O	H	P	A	W	R	N	A	U	I
I	X	U	O	I	J	F	O	A	Z	O	X	E	A	L
À	R	V	A	À	P	D	J	C	B	I	U	V	S	X
P	D	O	Q	M	O	R	O	C	O	N	K	D	V	O
S	P	I	S	R	A	E	L	N	H	N	N	Q	W	S
A	R	G	E	N	T	I	N	A	J	X	M	G	M	E

ROINN
A 'GHEARMAILT
ARGENTINA
BRAZIL
CANADA
CUBA
SPÀINN
EACUADOR
SUOMAIDH
ISRAEL
AN EADAILT
LIBIA
MÀILI
MOROCO
POBLACHD
NIRRIBHIDH
PANAMA
PHILLIPPINES
A 'PHOLAINN
ROMÀINIA

95 - Nombres

M	N	N	F	W	R	M	L	H	O	C	R	S	E	E
C	A	W	A	M	L	O	S	N	Z	V	T	E	I	K
H	O	U	Y	O	D	E	U	G	A	N	E	A	G	L
Q	I	T	I	N	I	V	D	L	I	T	L	C	H	Q
W	E	G	J	E	A	D	H	C	A	E	S	H	T	G
G	W	T	P	E	G	A	E	B	P	W	I	D	E	F
D	R	I	H	T	I	E	C	U	J	W	K	D	E	H
M	H	F	A	X	C	H	H	T	G	K	N	E	N	X
J	B	À	S	I	A	C	D	E	I	C	H	U	B	Q
O	O	D	D	S	P	I	O	M	Ò	J	K	G	L	Z
Y	C	L	V	H	B	F	D	E	C	I	M	A	L	N
O	N	H	G	U	E	D	R	I	H	T	I	E	C	O
F	A	B	D	E	Y	U	N	E	O	N	I	Ì	Z	D
Q	G	K	I	J	L	E	G	U	E	D	Ì	R	T	Y
Y	L	B	Z	U	Q	I	C	H	G	N	O	T	G	D

CÒIG
DÀ
DECIMAL
DEICH
EIGHTEEN
NAOI-DEUG
SEACHD-DEUG
DHÀ-DHEUG
OCHD
NAOI
CEITHIR-DEUG
CEITHIR
DEUG AN
SIXTEEN
SEACHD
SIA
TRÌ-DEUG
TRÌ
FICHEAD
NEONI

96 - Psychologie

Z	O	G	E	L	K	A	D	F	L	W	F	S	L	S
F	Q	I	U	E	W	T	U	J	C	I	V	O	A	D
C	Z	Ù	G	I	U	Y	I	R	T	S	H	M	Ò	C
C	G	L	Z	G	A	E	L	S	E	T	F	P	C	C
M	Q	A	R	H	K	F	G	U	M	H	I	I	X	L
B	E	N	K	E	D	L	H	B	O	G	O	C	Z	I
V	E	A	Q	A	H	E	E	C	T	U	S	O	W	N
M	S	A	S	S	A	G	A	O	I	O	R	G	G	I
H	P	N	C	A	E	I	D	N	O	H	A	N	N	C
K	S	E	R	H	D	Ò	A	S	N	T	C	I	L	A
R	M	A	A	K	D	H	S	C	S	K	H	T	D	L
L	A	G	T	R	U	A	J	I	R	H	A	I	R	C
C	E	A	N	N	S	L	N	O	X	X	D	O	P	M
W	R	K	R	X	X	A	R	U	F	G	H	N	Z	Y
W	D	B	N	O	I	T	A	S	N	E	S	Z	P	G

CLINICAL
COGNITION
GIÙLAN
CÒMHSTRI
EGO
A H-ÒIGE,
EMOTIONS
MEASADH
BEACHDAN

THOUGHTS
CEANN
PEARSA
DUILGHEADAS
FIOSRACHADH
DREAMS
SENSATION
SUBCONSCIOUS
LEIGHEAS

97 - Nature

Y	B	D	Q	T	S	A	N	C	T	U	A	R	Y	D
R	D	G	G	K	R	G	L	A	C	I	E	R	S	E
I	L	X	B	W	N	O	M	D	E	O	L	T	E	A
C	N	A	E	B	E	L	P	F	U	D	L	K	R	T
L	N	Z	G	X	P	Y	F	A	O	X	I	C	E	A
F	I	A	D	H	A	I	C	H	I	L	À	R	N	M
A	A	A	A	Y	T	K	A	F	H	G	I	M	E	A
T	H	S	R	Y	B	I	R	P	X	Y	E	A	F	C
H	B	U	I	A	F	A	S	G	A	D	H	A	G	H
K	A	T	Z	B	T	R	E	S	E	D	C	C	C	E
Y	R	F	O	Q	S	L	B	N	I	E	A	N	I	H
X	G	I	Y	V	E	I	U	Q	E	V	T	H	A	O
Q	W	W	S	T	R	Ò	U	H	T	N	R	L	W	E
A	W	Q	G	D	O	E	S	P	C	J	A	C	D	T
I	W	L	W	J	F	N	B	E	O	T	H	A	I	L

BEAN
FASGADH
ARTACH
ÀILLE
DESERT
BEOTHAIL
FOLIAGE
ABHAINN
FOREST
GLACIER
NEÒIL
CHULTARAIL
SANCTUARY
FIADHAICH
SERENE
TROPAIGEACH
DEATAMACH

98 - Chimie

I	U	A	L	K	A	L	I	N	E	H	S	L	O	E
E	P	R	S	Q	O	Y	G	V	W	Y	B	I	I	S
N	D	R	N	E	L	B	T	Q	S	D	F	Q	R	U
Z	K	B	N	U	A	B	H	C	U	R	A	U	Y	W
Y	G	F	A	D	I	C	A	T	B	O	O	I	M	I
M	F	L	L	N	E	G	Y	X	O	G	H	D	V	P
E	A	T	A	X	O	P	H	H	M	E	C	G	X	I
N	Q	X	S	T	T	B	I	O	N	N	A	K	K	E
I	B	H	A	S	P	M	R	X	M	H	S	U	C	L
R	D	Y	G	Y	M	E	T	A	L	S	A	T	I	E
O	I	G	C	L	N	E	L	U	C	E	L	O	M	C
L	K	N	K	A	N	I	O	Z	D	M	C	Q	O	T
H	X	A	H	T	E	A	S	R	W	Y	U	W	T	R
C	A	W	J	A	V	A	I	M	F	W	I	B	A	O
I	E	D	H	C	A	H	T	Ò	E	T	N	G	J	N

ACID
ALKALINE
ATOMIC
CARBON
CATALYST
TEAS
CHLORINE
ENZYME
ELECTRON
GAS
HYDROGEN
ION
LIQUID
METALS
MOLECULE
NIUCLASACH
OXYGEN
URNUIGH
SALANN
TEÒTHACHD

99 - Bateaux

Z	L	T	S	A	M	O	I	Y	Y	U	W	R	Q	F
T	F	A	R	Q	B	H	C	X	Z	A	U	Z	K	X
H	C	O	S	E	A	H	Q	J	H	A	I	W	U	L
C	I	B	S	K	D	Y	A	M	S	J	F	W	P	I
A	Z	L	Y	A	O	O	I	I	D	R	O	E	B	H
Y	Z	I	S	L	G	U	C	U	N	C	C	Z	Y	O
L	N	A	L	K	H	B	Z	M	D	N	A	G	O	C
Y	S	S	E	C	S	V	N	A	E	S	N	N	I	E
W	D	C	Y	R	R	E	F	V	I	K	O	À	K	A
T	R	Ò	P	E	I	G	W	C	W	G	E	L	A	N
V	W	O	V	W	A	N	S	R	S	K	I	S	Y	X
O	Q	M	L	E	C	Y	W	U	J	I	A	W	A	D
D	F	S	I	I	A	A	H	J	S	G	I	M	K	H
I	U	J	G	Z	A	W	K	O	T	O	G	V	S	N
Q	U	M	E	N	O	S	E	V	A	W	J	K	K	V

ACAIR
BUOY
CANOE
RÒP
DOC
CREW
FERRY
ABHAINN
KAYAK
LAKE
- LÀN
SAILOR
MAST
SEA
EINNSEAN
OCEAN
RAFT
WAVES
SAILBOAT
YACHT

100 - Mesures

C	F	A	I	D	À	L	L	I	Q	Y	N	T	Z	D
G	E	I	Z	A	R	I	A	T	A	E	H	M	Ò	E
R	R	U	D	N	M	A	R	G	O	L	I	K	I	C
K	I	C	M	O	W	E	U	D	U	E	L	Z	R	I
I	S	B	P	I	K	V	A	R	E	B	W	O	L	M
L	H	G	S	Y	D	K	W	J	N	O	T	X	E	A
O	H	Q	F	F	L	I	T	I	R	U	H	Y	A	L
M	N	P	J	T	H	H	T	B	U	V	I	Z	C	H
E	B	X	O	N	X	P	O	F	P	O	Q	G	H	M
T	H	D	I	A	B	L	M	A	R	G	E	Y	H	I
E	B	S	O	G	E	S	A	H	T	I	H	B	A	N
R	A	B	U	E	K	S	D	Z	G	E	X	W	H	J
Q	E	L	N	B	D	N	Y	Q	I	V	Y	H	M	V
J	J	V	C	H	E	Y	F	X	H	H	R	W	U	B
E	S	F	E	M	I	O	N	A	I	D	E	V	E	A

IONAD
CEUM
DECIMAL
GRAM
ÀIRDE
KILOGRAM
KILOMETER
LEUD
LITIR
FAID
TOMAD
MHEATAIR
MIONAID
BAIDHT
OUNCE
URNUIGH
ÒIRLEACH
A BHITH A
TON

1 - Adjectifs #2

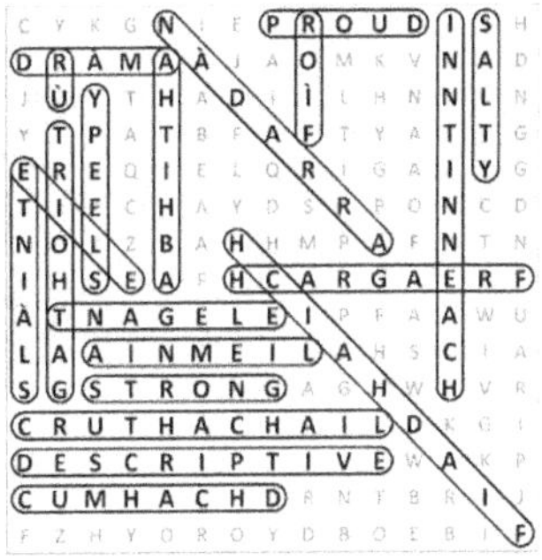

2 - Formes

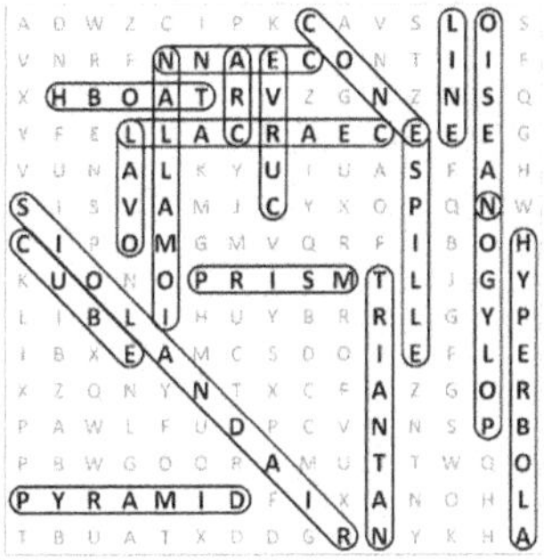

3 - Adjectifs #1

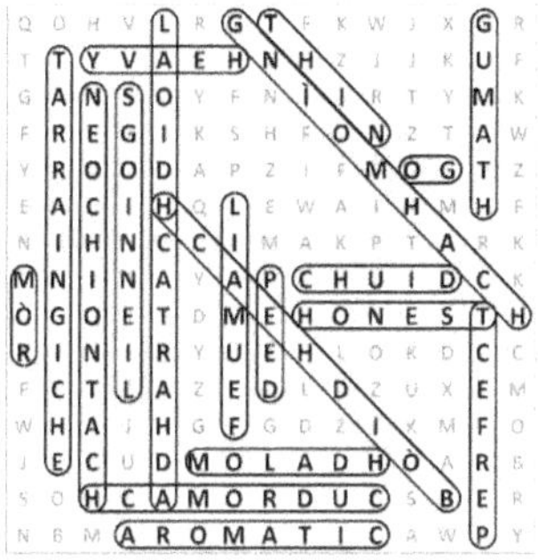

4 - Instruments de Musique

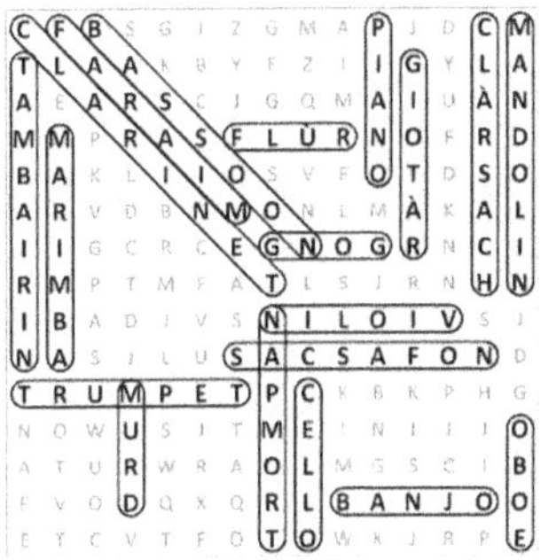

5 - Herboristerie

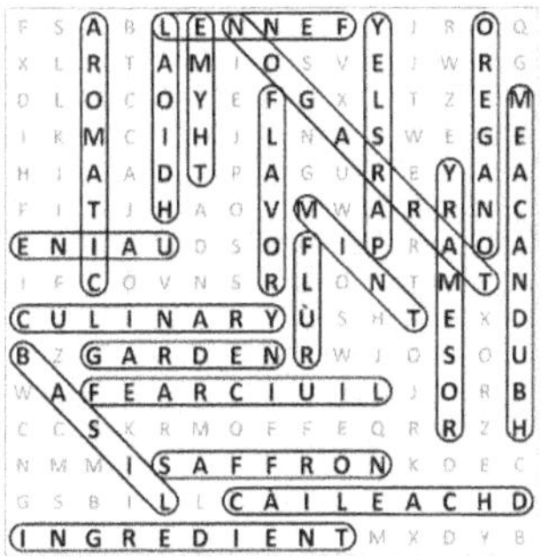

6 - Photographie

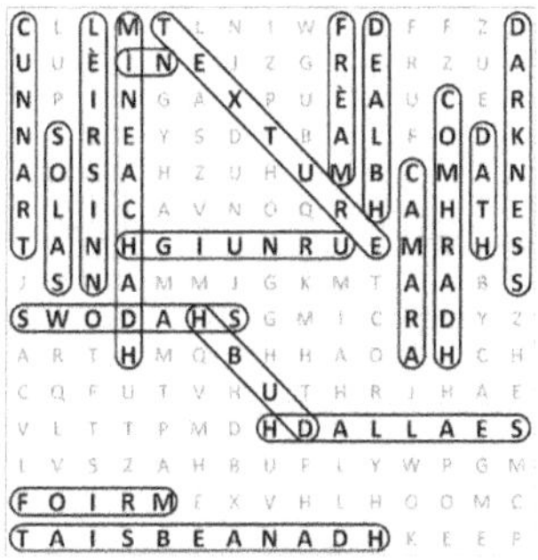

7 - Véhicules

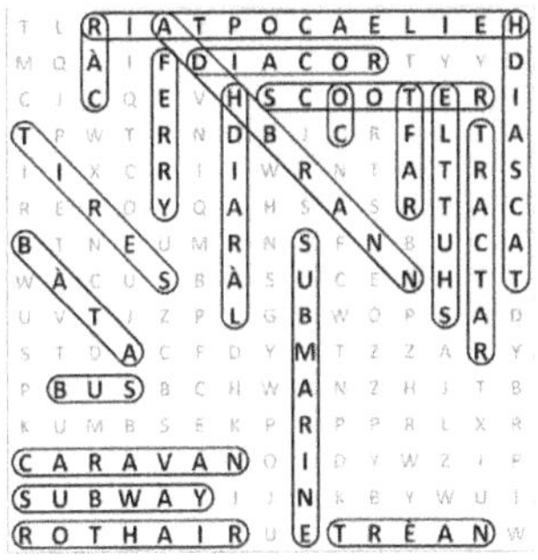

8 - Camping

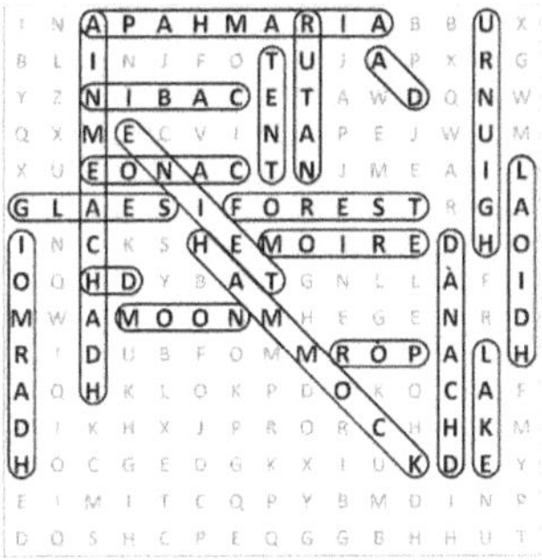

9 - Géométrie

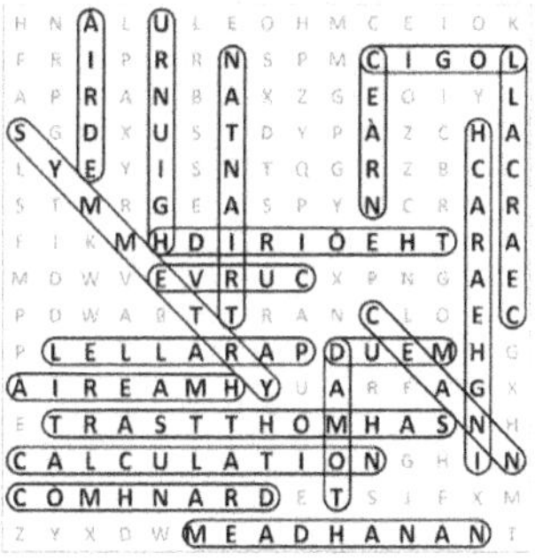

10 - Les Médias

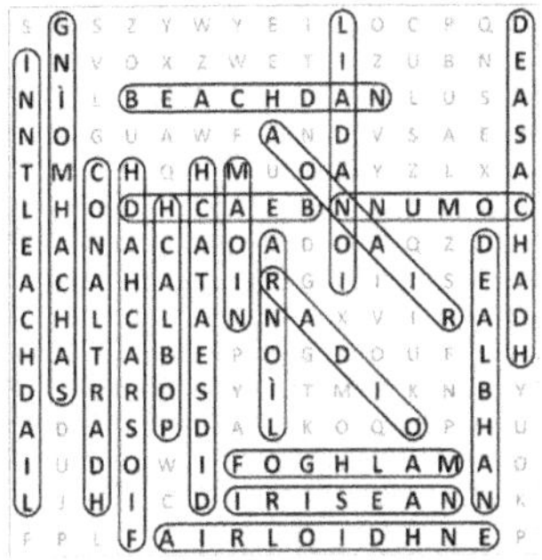

11 - Philanthropie

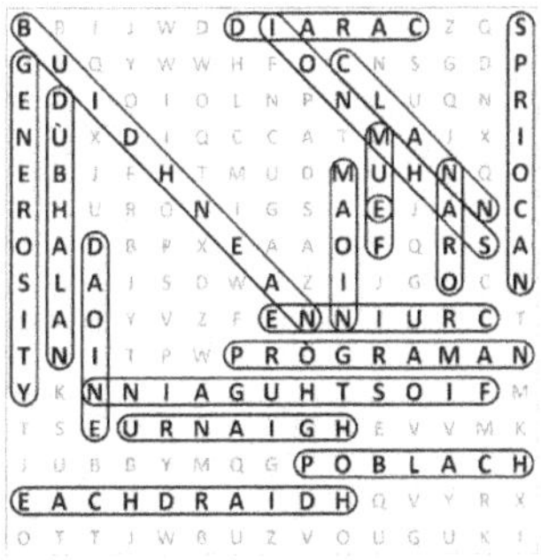

12 - Diplomatie

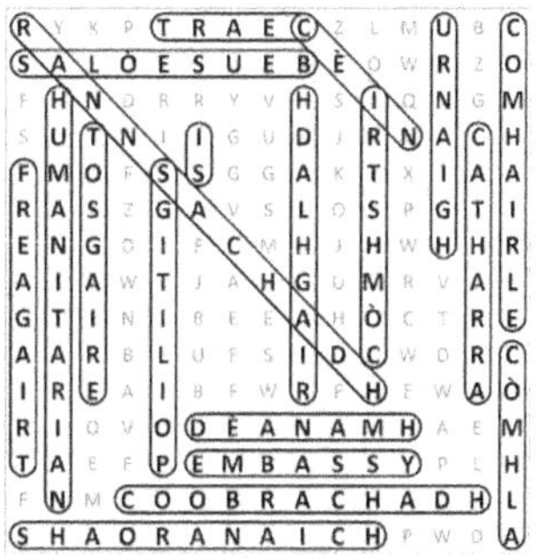

13 - Astronomie

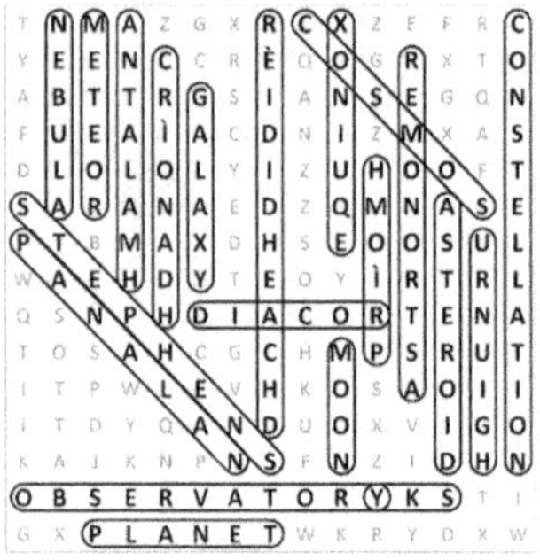

14 - Physique

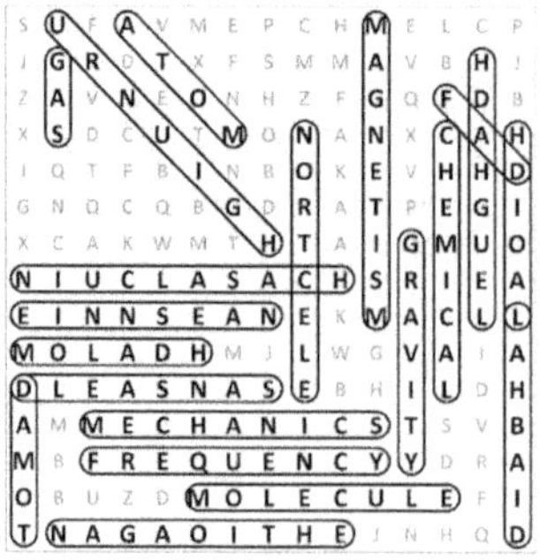

15 - Types de Cheveux

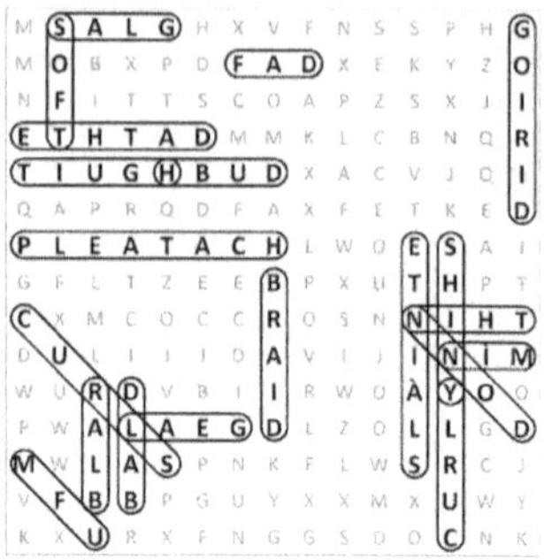

16 - Archéologie

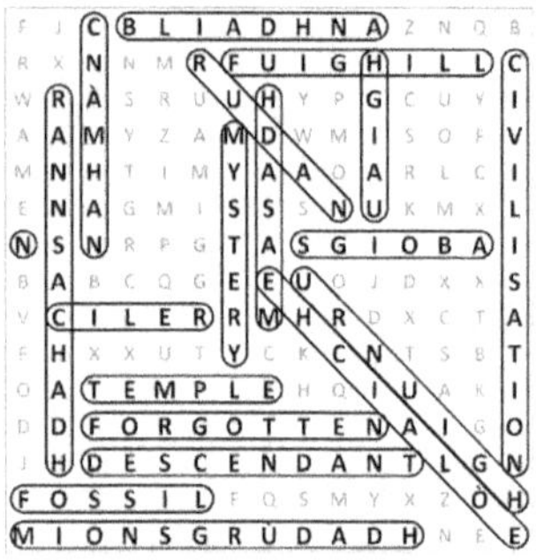

17 - Mammifères

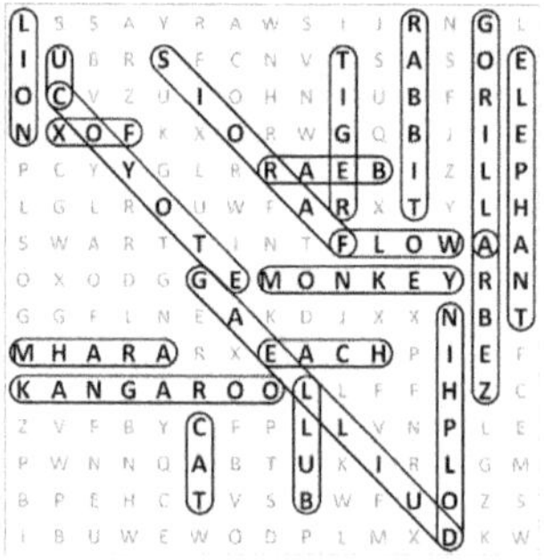

18 - Sports

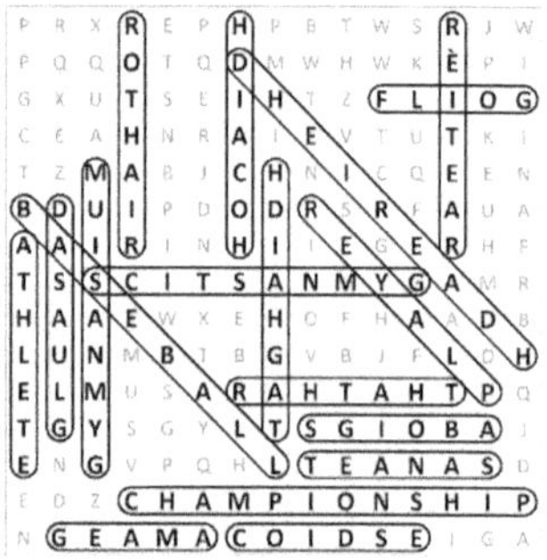

19 - Chocolat

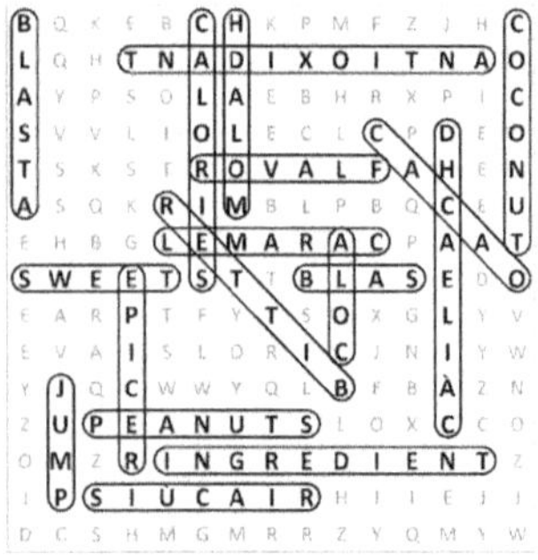

20 - Sport

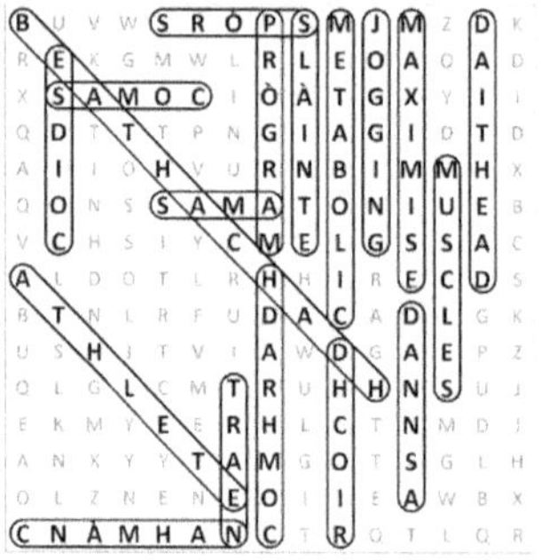

21 - Restaurant #2

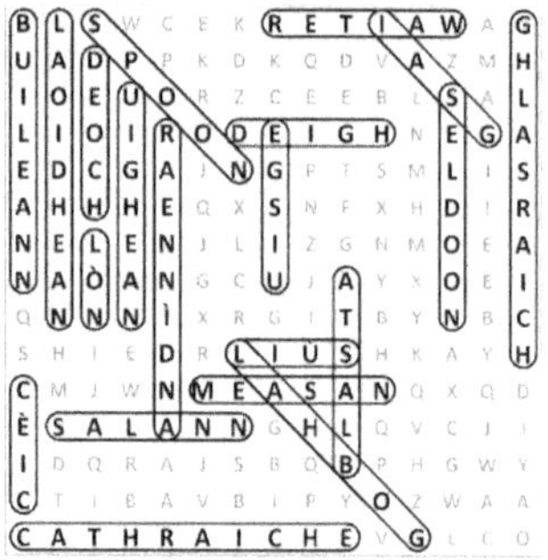

22 - Couleurs

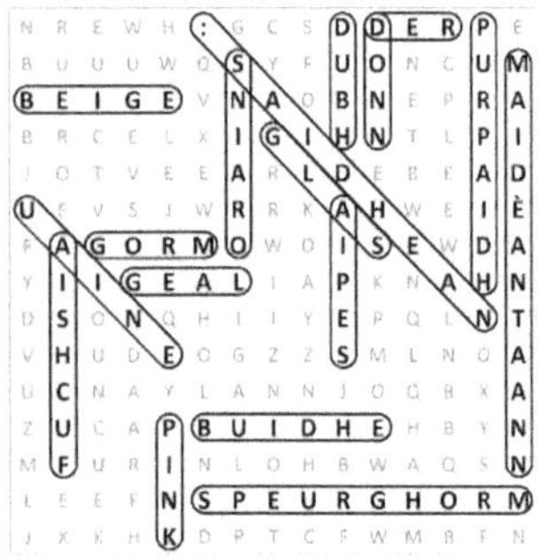

23 - Beauté

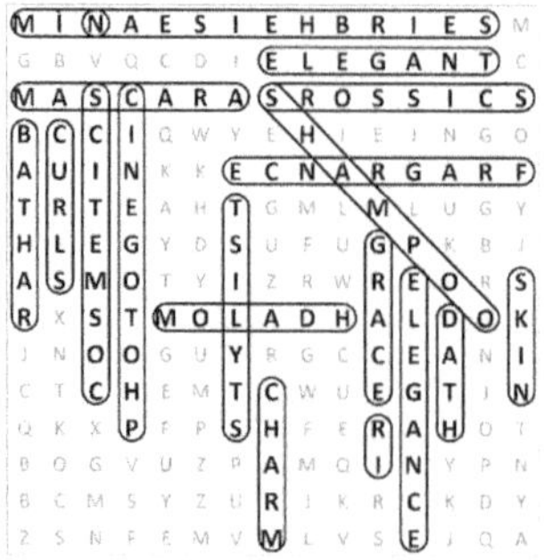

24 - Avions

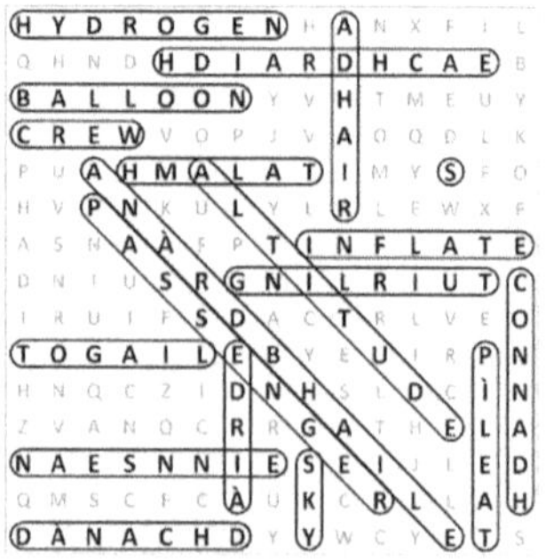

25 - Aventure

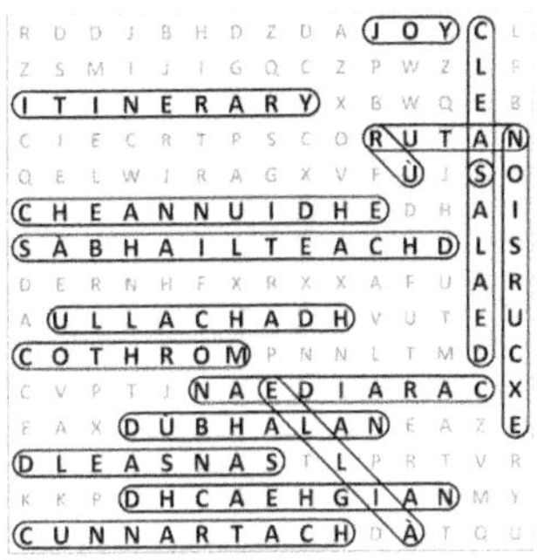

26 - Ville

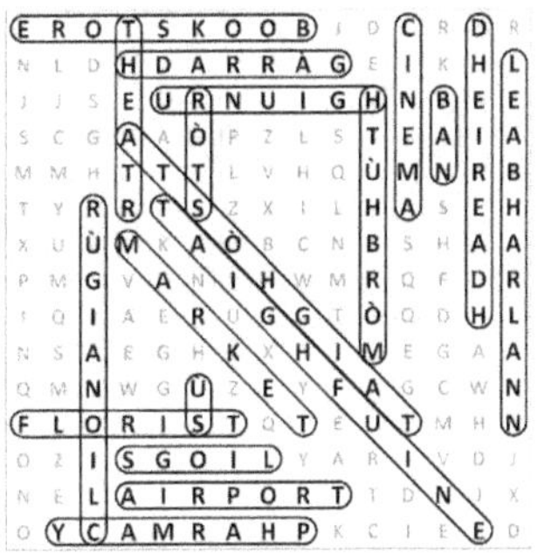

27 - Ingénierie

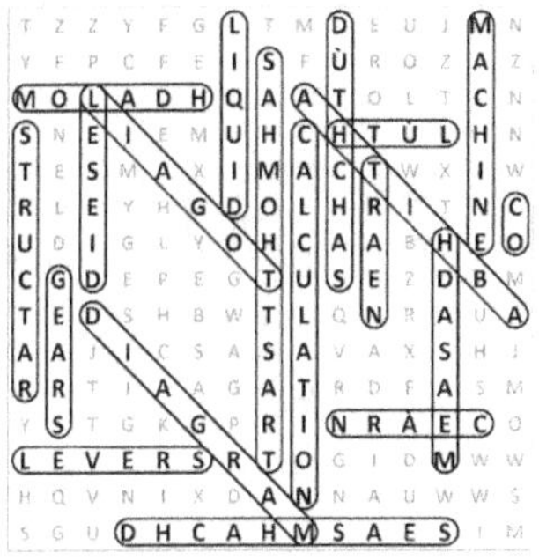

28 - Énergie

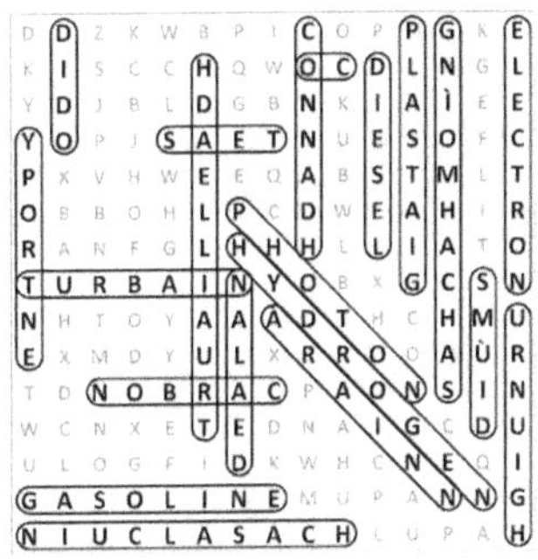

29 - Cuisine

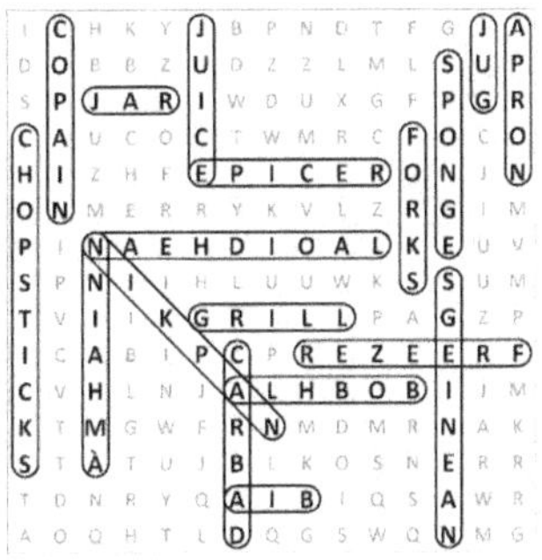

30 - Corps Humain

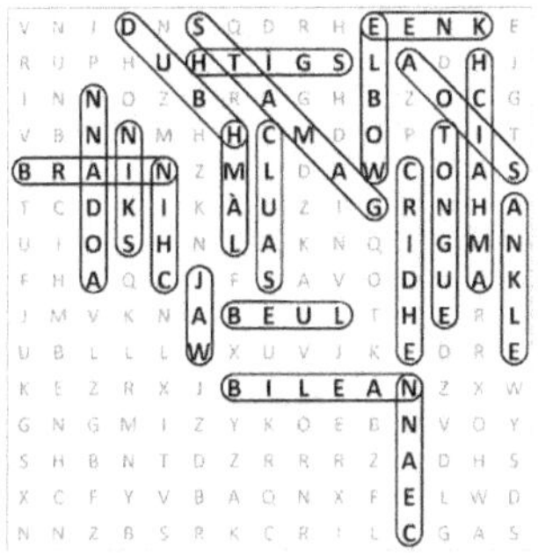

31 - Biologie

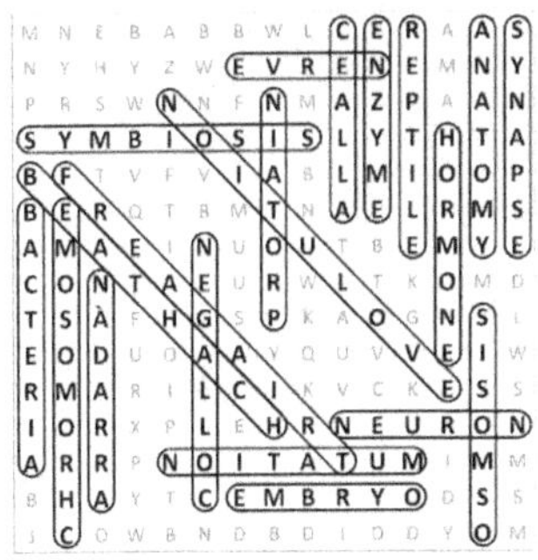

32 - Épices

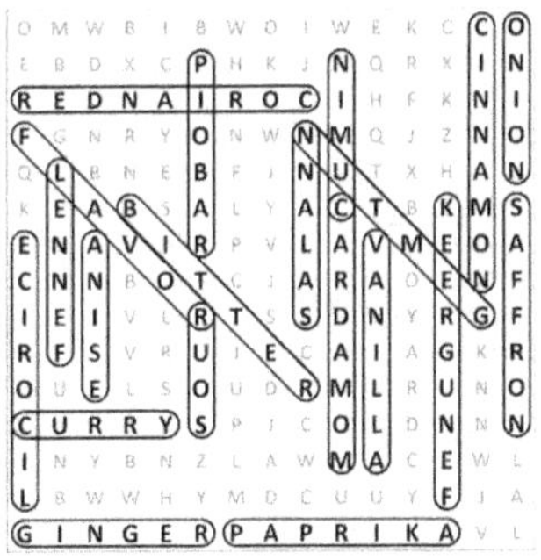

33 - Agronomie

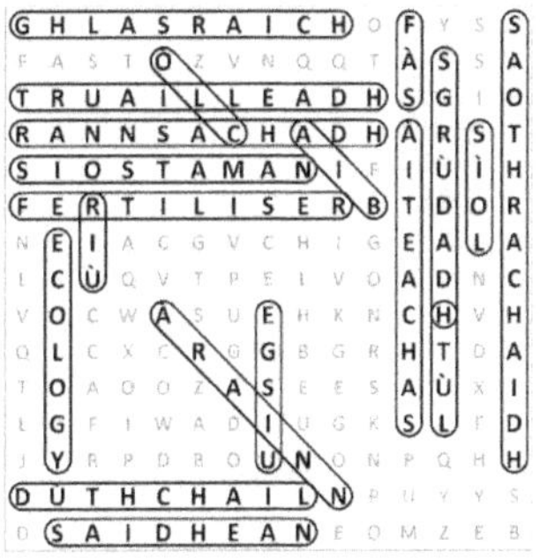

34 - Science

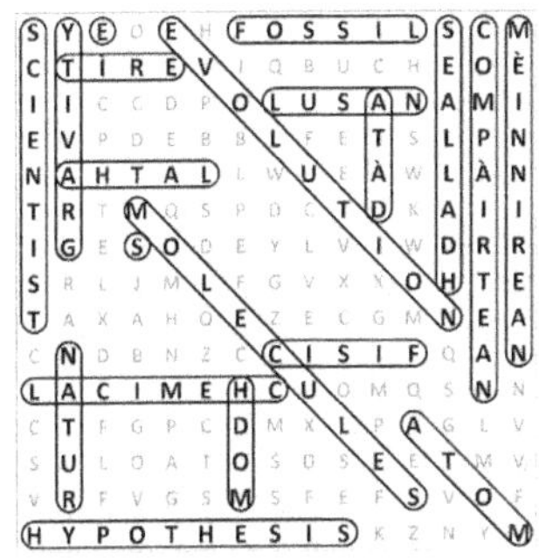

35 - Vêtements

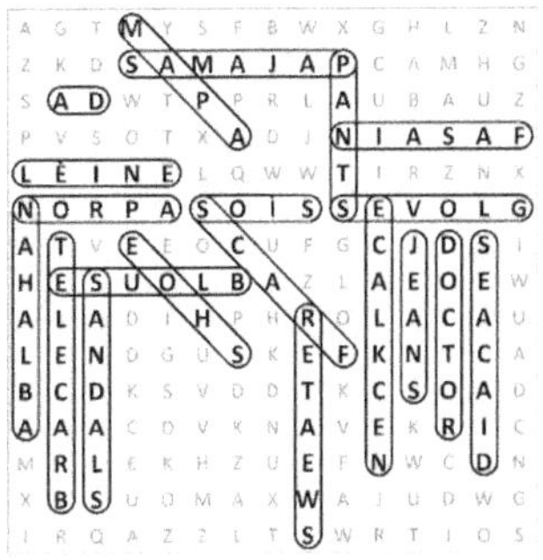

36 - Méditation

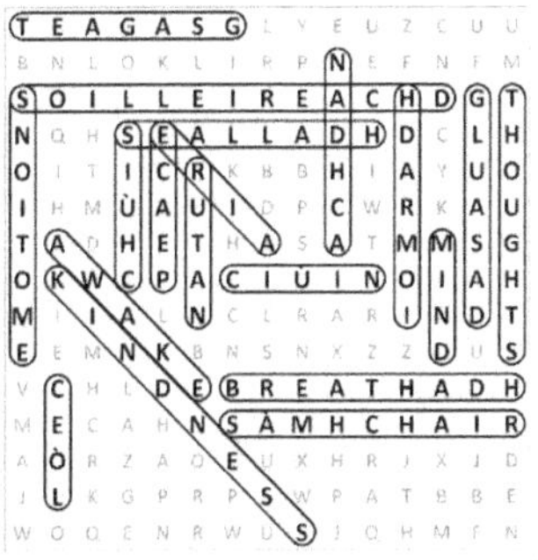

37 - Littérature

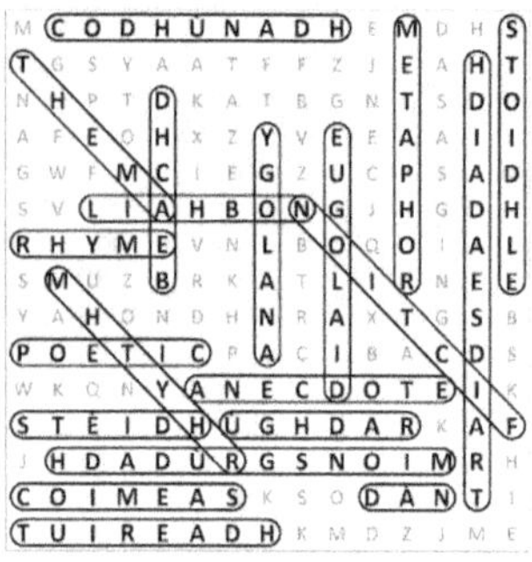

38 - Nourriture #1

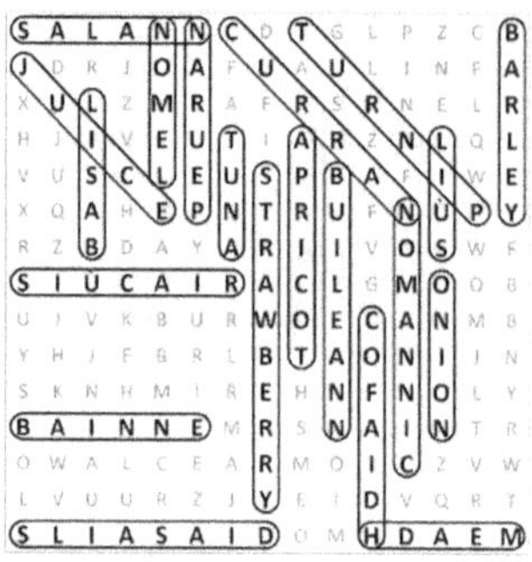

39 - Jours et Mois

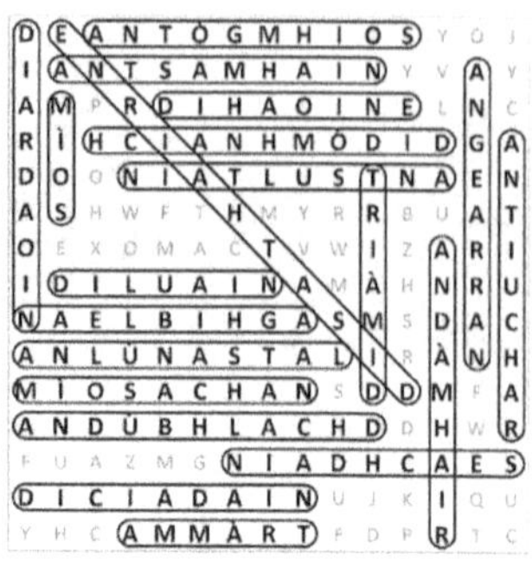

40 - Jardinage

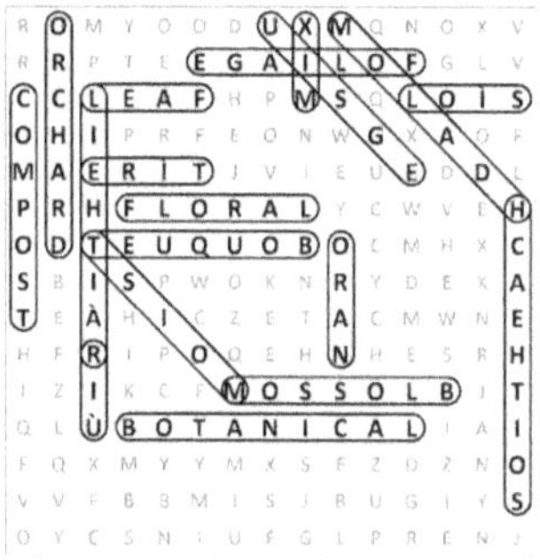

41 - Entreprise

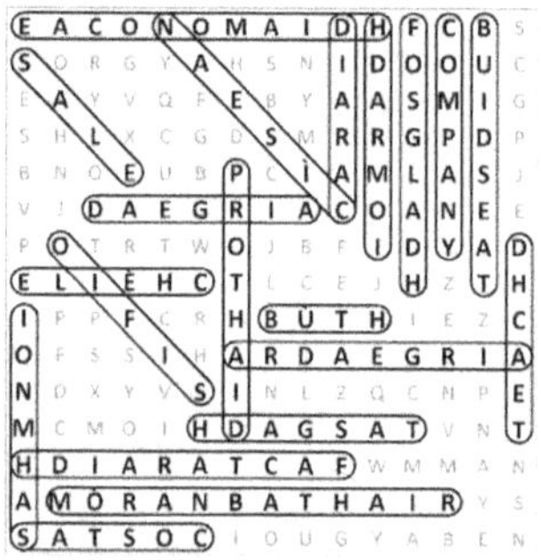

42 - Activités

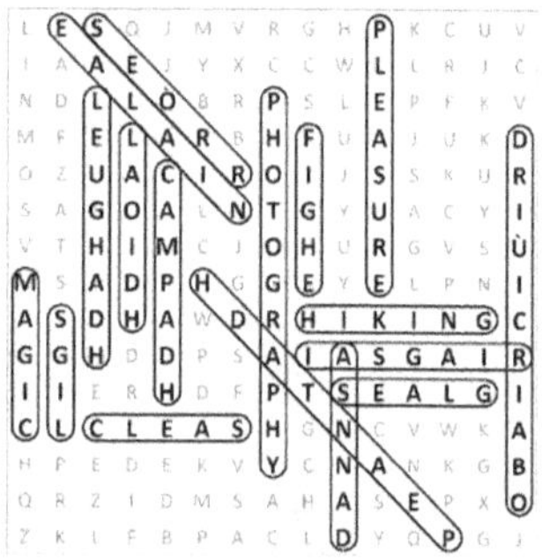

43 - Fleurs

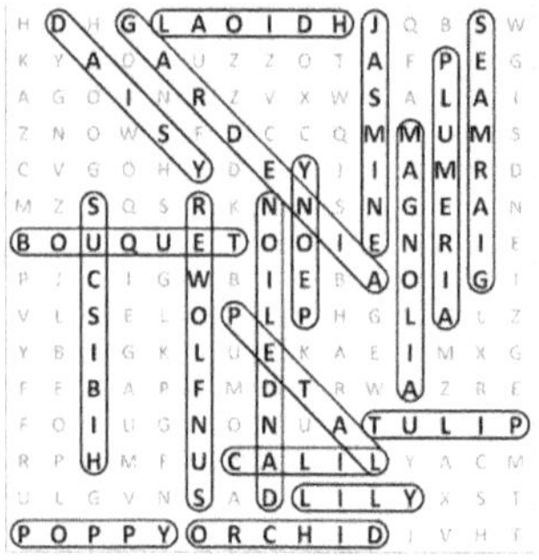

44 - Nourriture #2

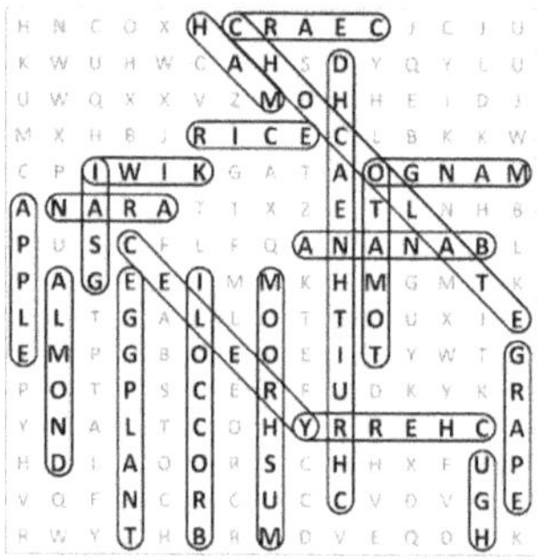

45 - Algèbre

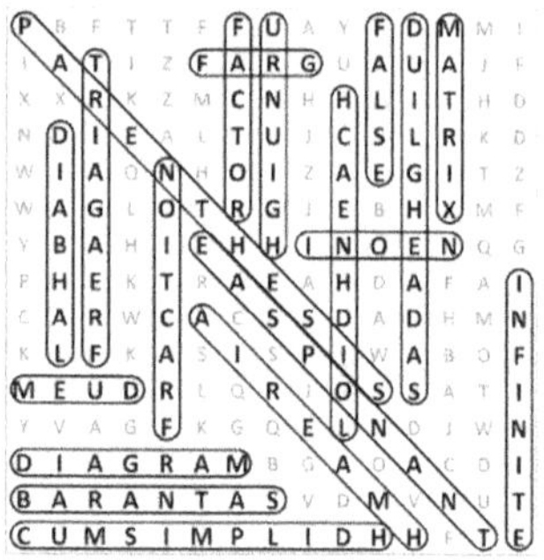

46 - Océan

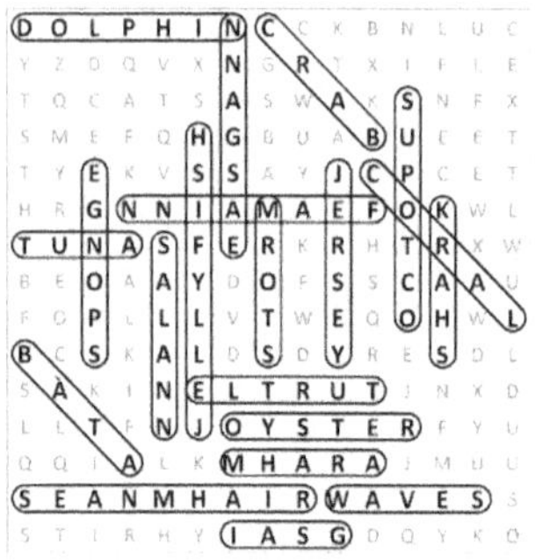

47 - Antiquités

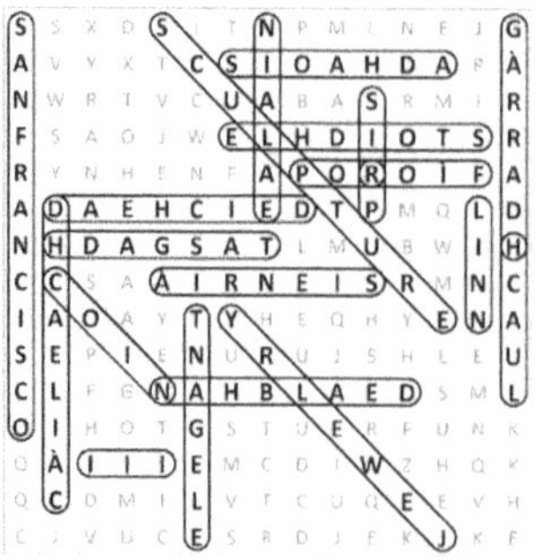

48 - Réchauffement Cli

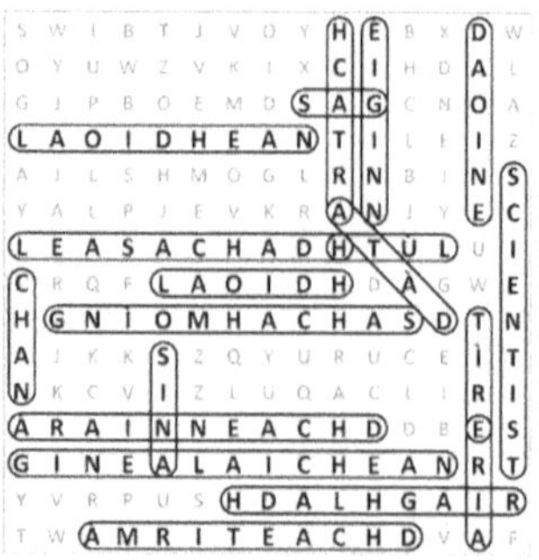

49 - Fruit

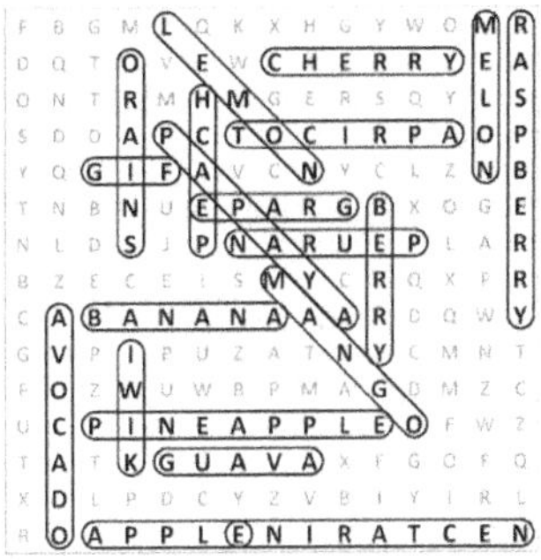

50 - Technologie

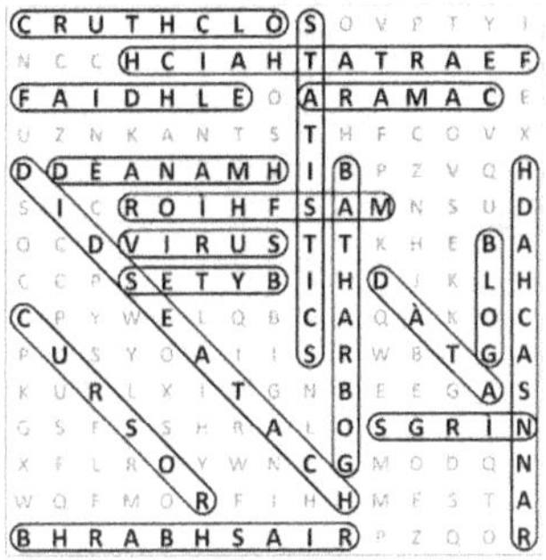

51 - Musique

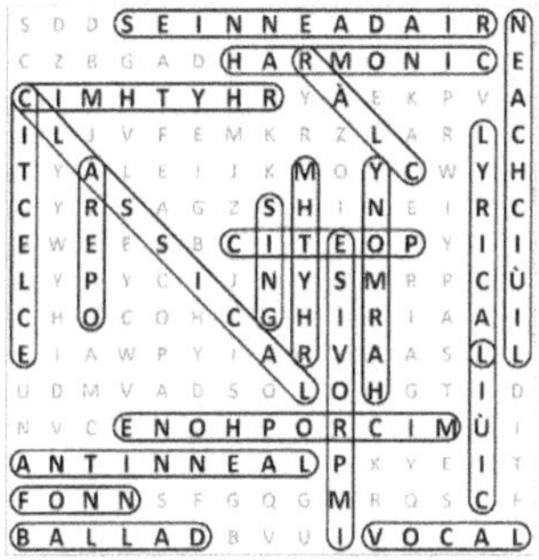

52 - Météo

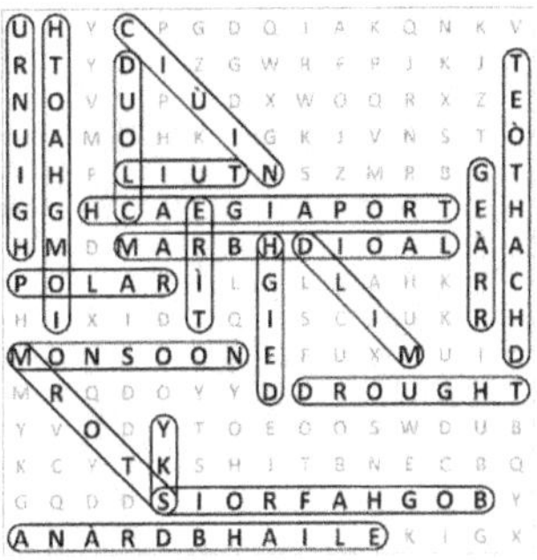

53 - L'Entreprise

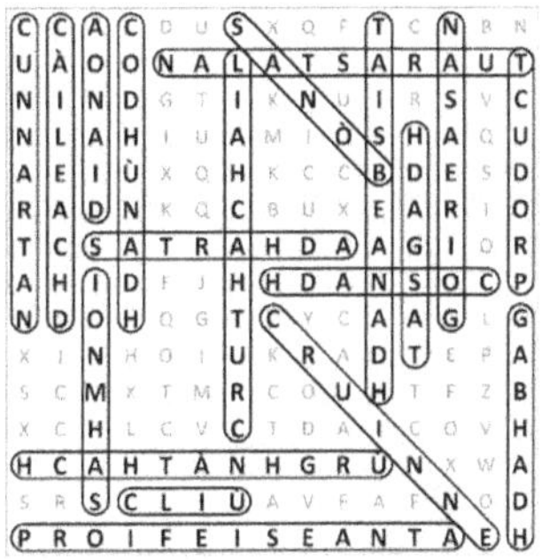

54 - Gouvernement

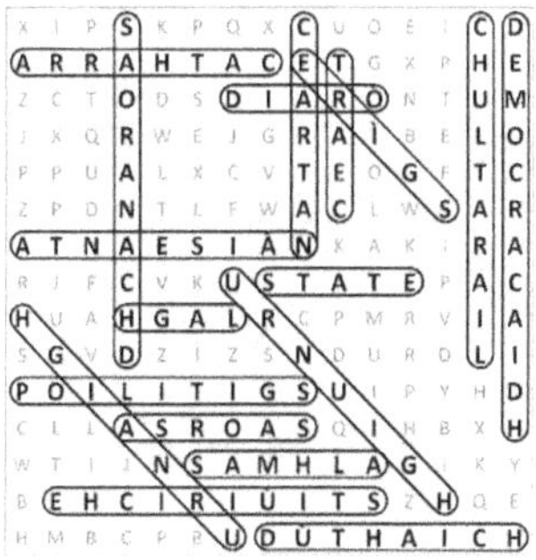

55 - Randonnée

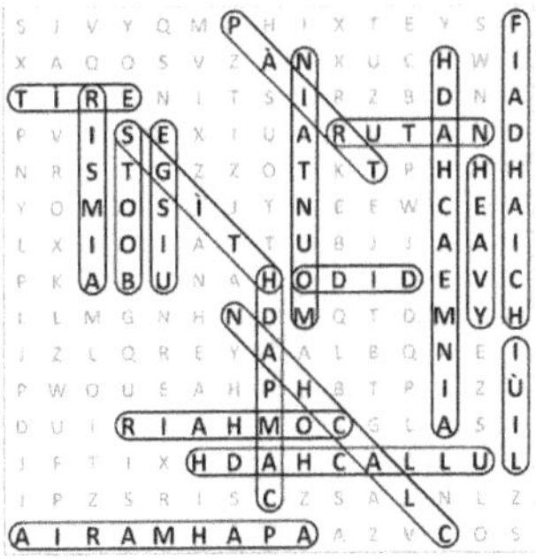

56 - Art

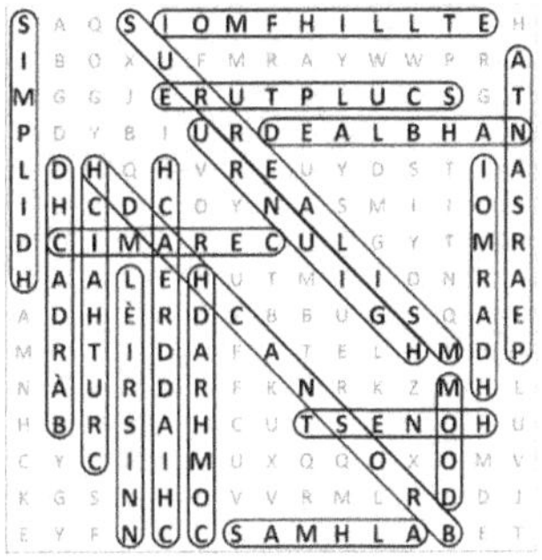

57 - Nutrition

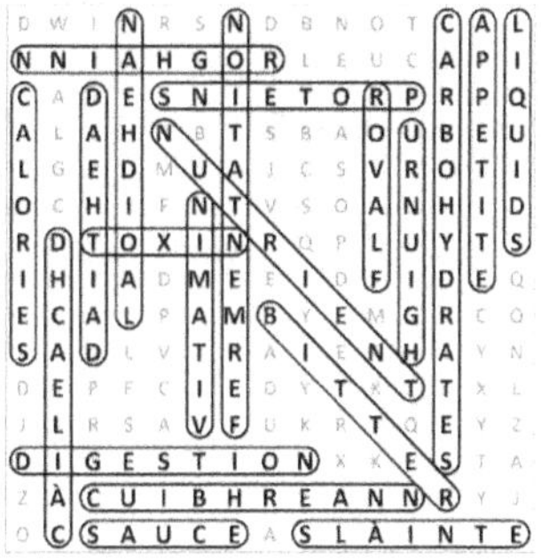

58 - Science Fiction

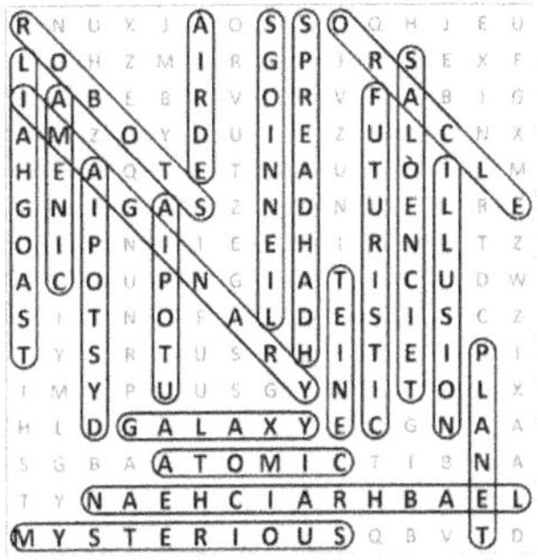

59 - Professions #1

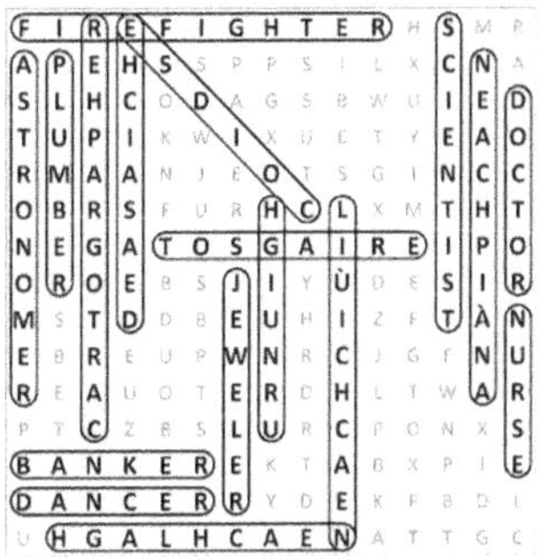

60 - Géologie

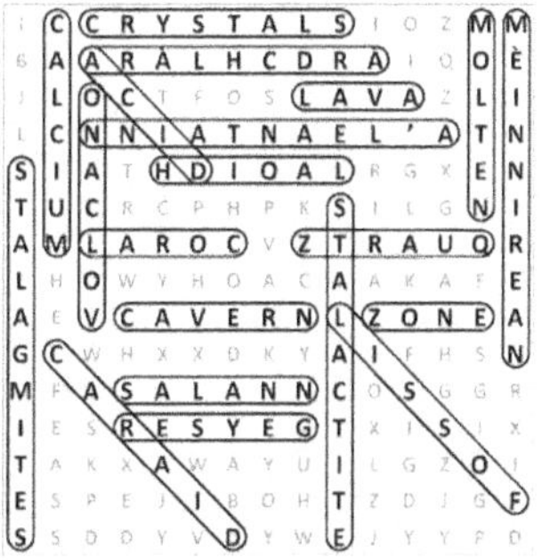

61 - Jardin

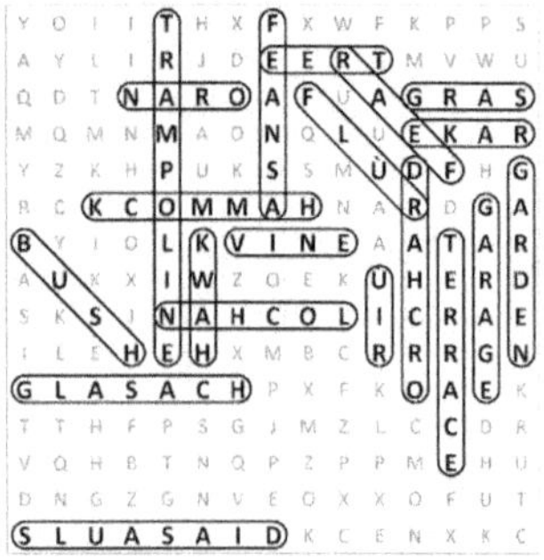

62 - Santé et Bien Être #1

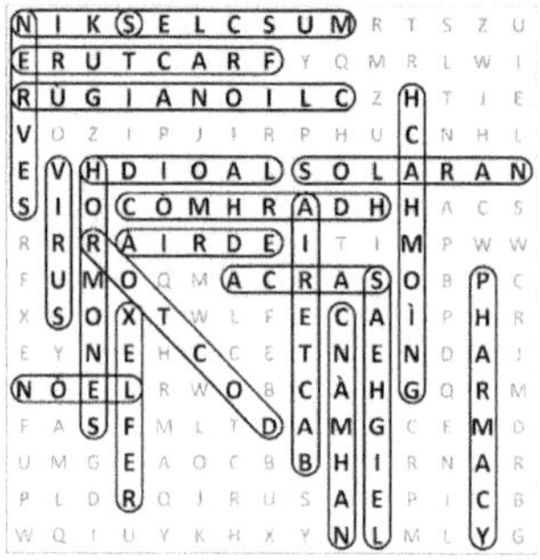

63 - Barbecues

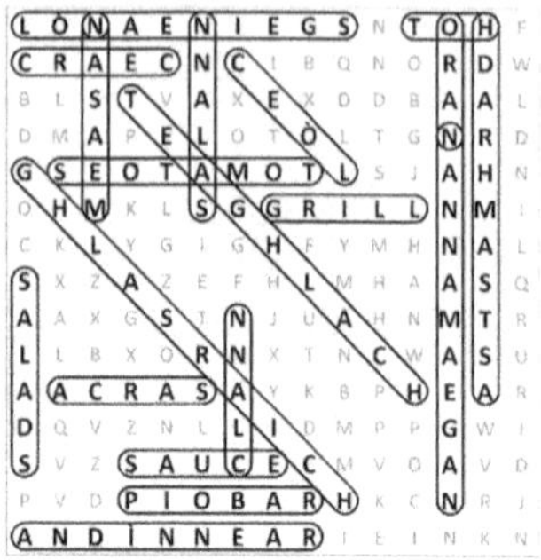

64 - Ferme #1

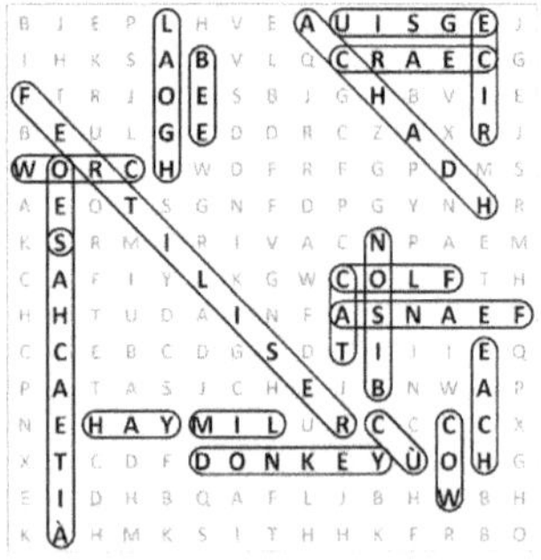

65 - Escalade

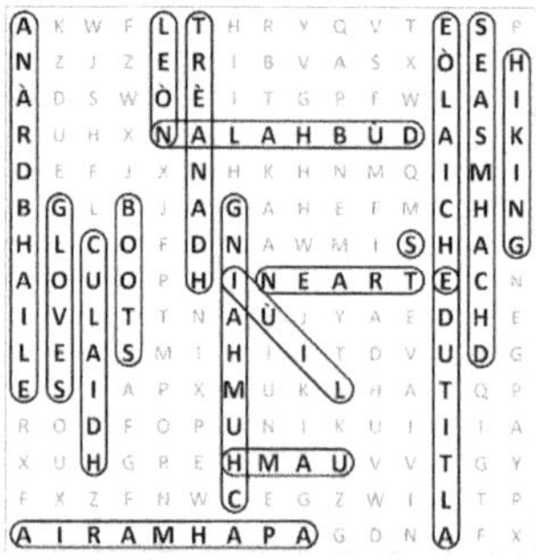

66 - Café

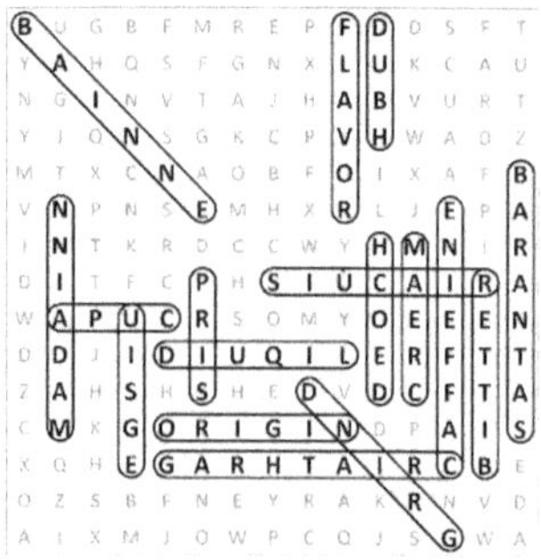

67 - Antarctique

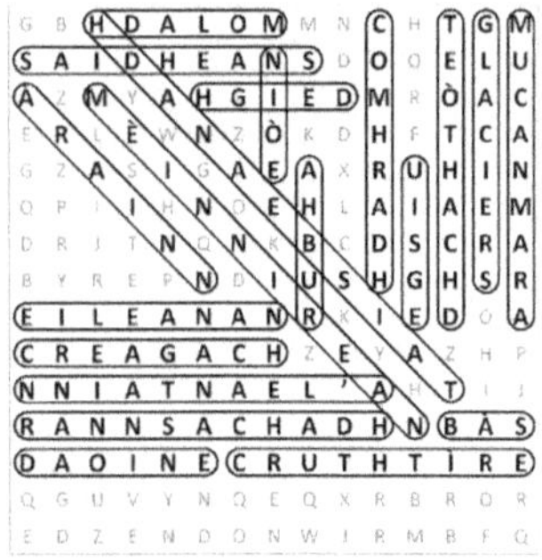

68 - Professions #2

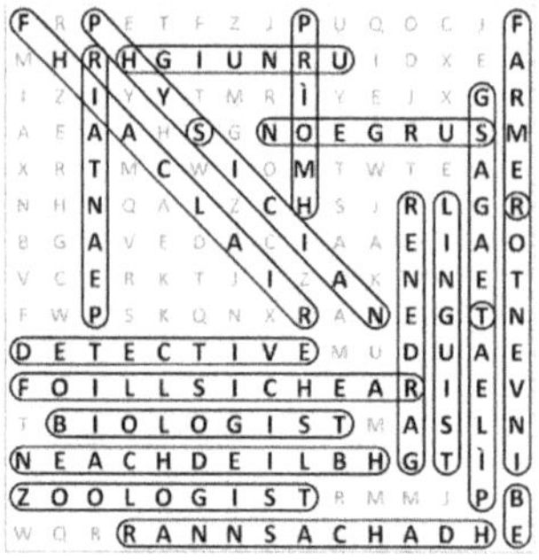

69 - Les Abeilles

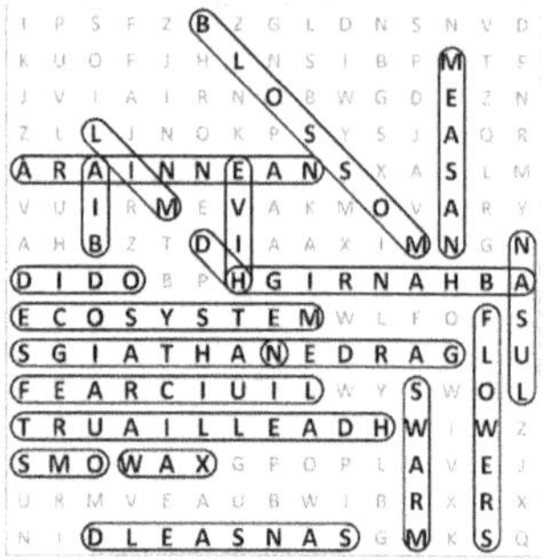

70 - Santé et Bien Être #2

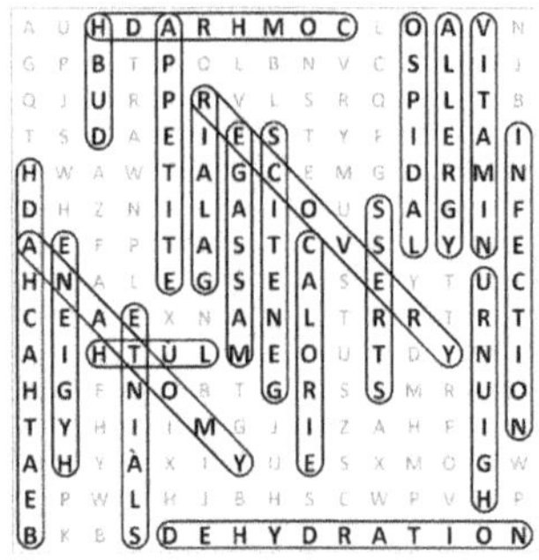

71 - Conduite

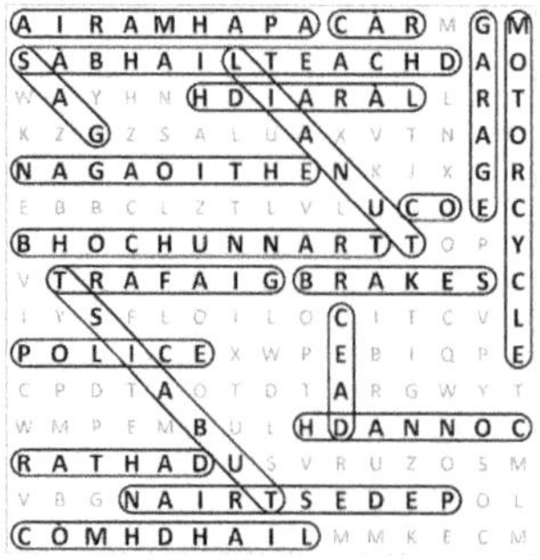

72 - Plantes

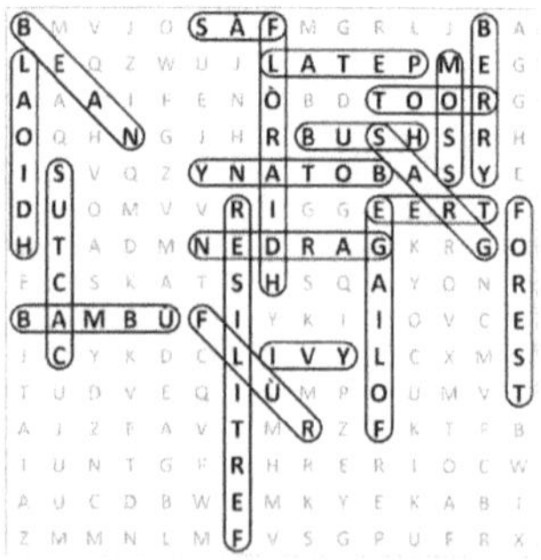

73 - Ferme #2

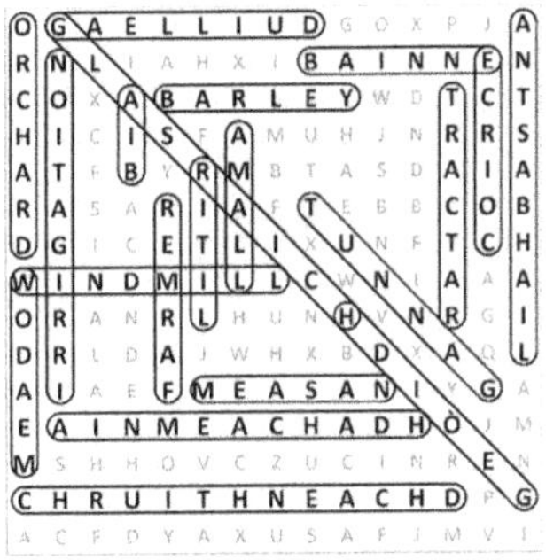

74 - Vacances #2

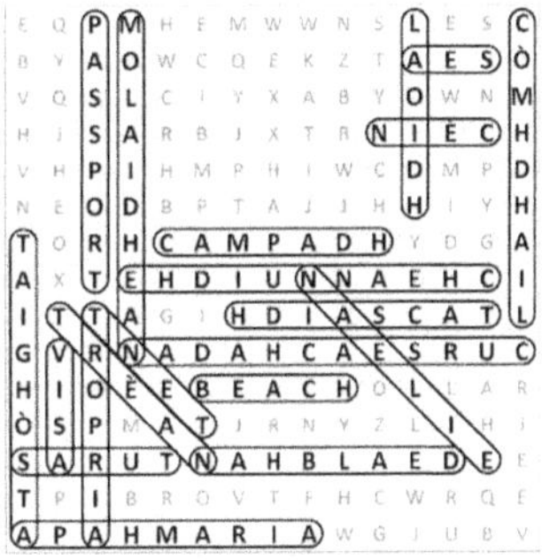

75 - Éthique

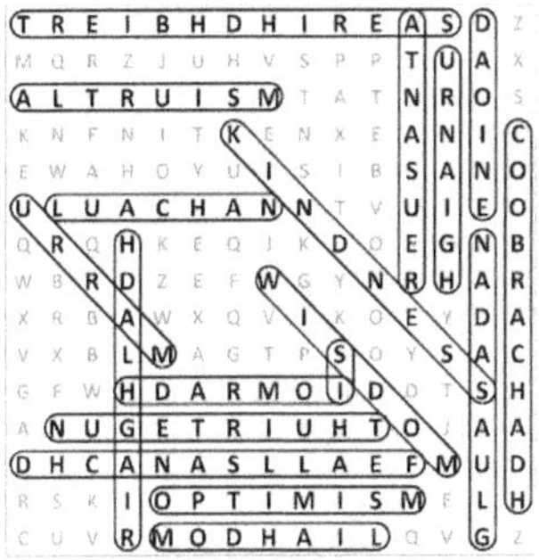

76 - Temps

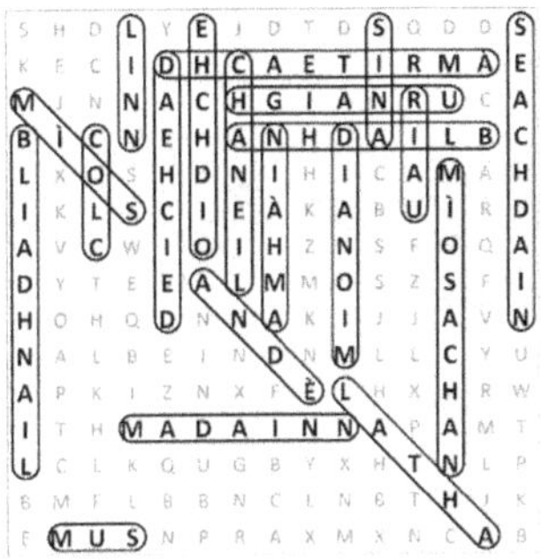

77 - Immigration

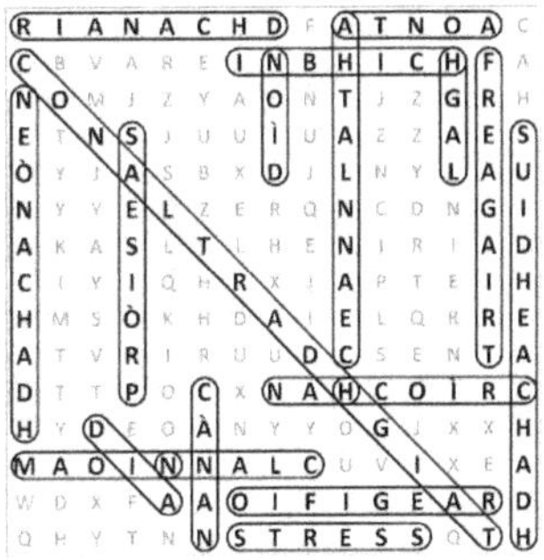

78 - Maison

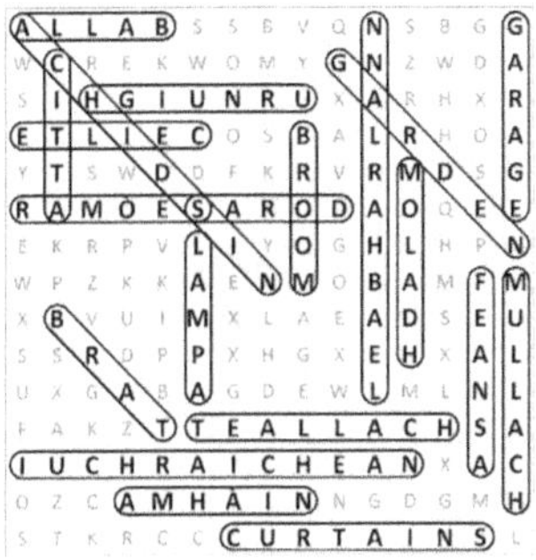

79 - Légumes

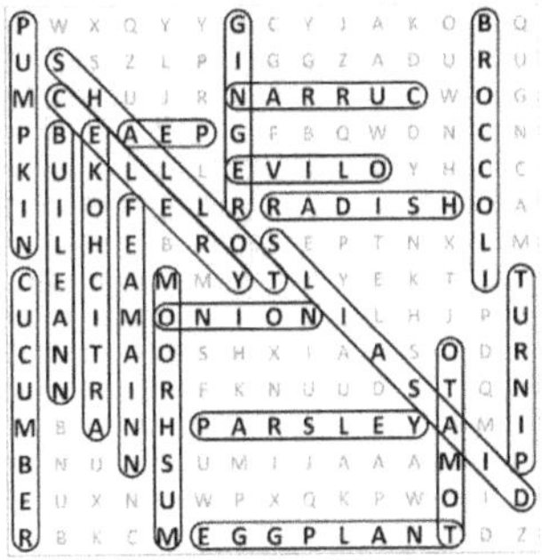

80 - Plage

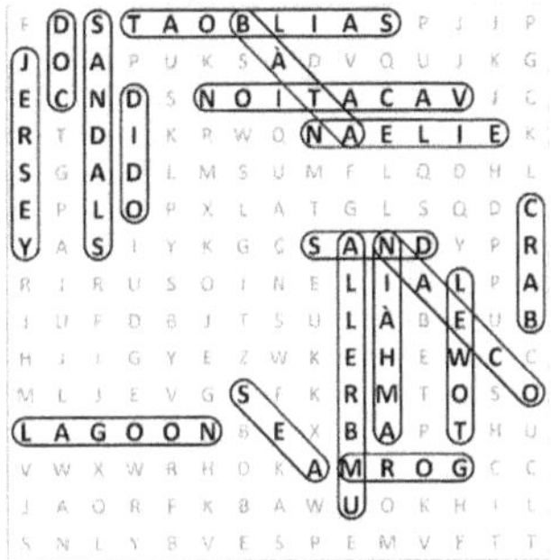

81 - Famille

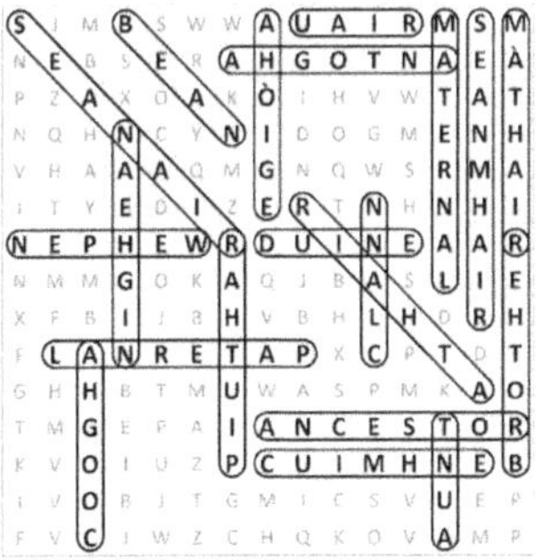

82 - Oiseaux

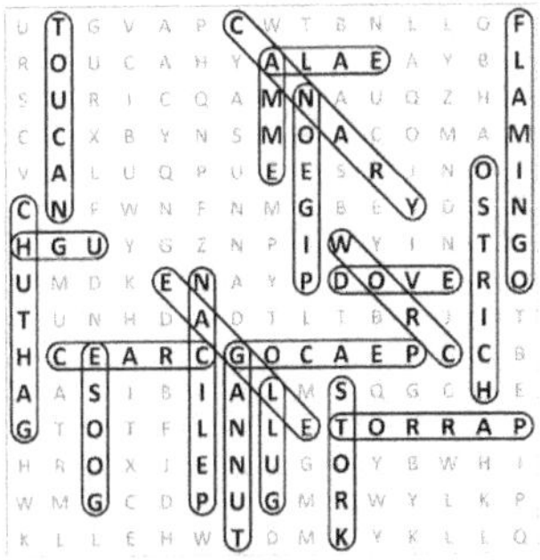

83 - Disciplines Scientifiques

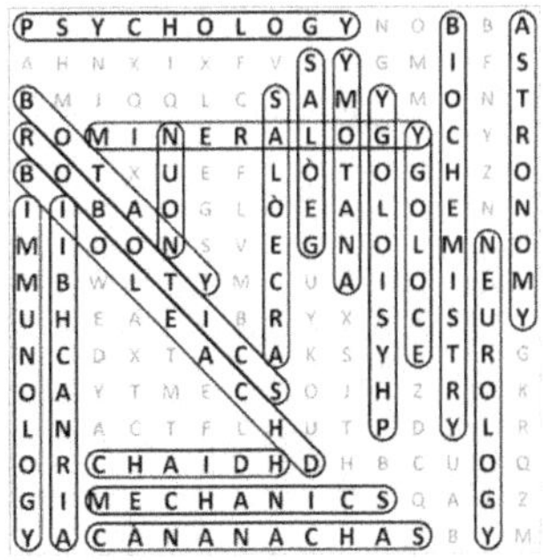

84 - Maladie

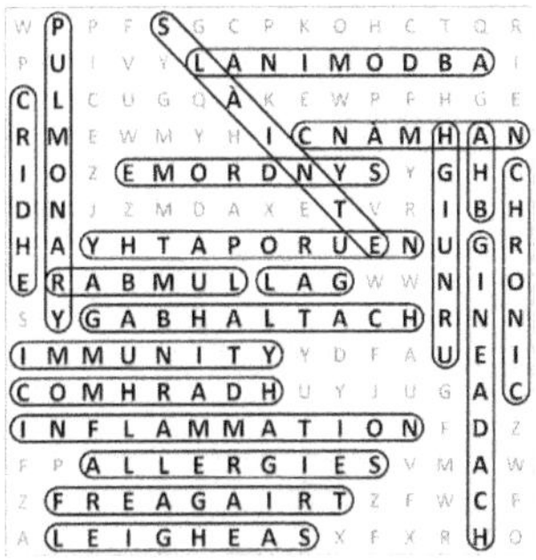

85 - Univers

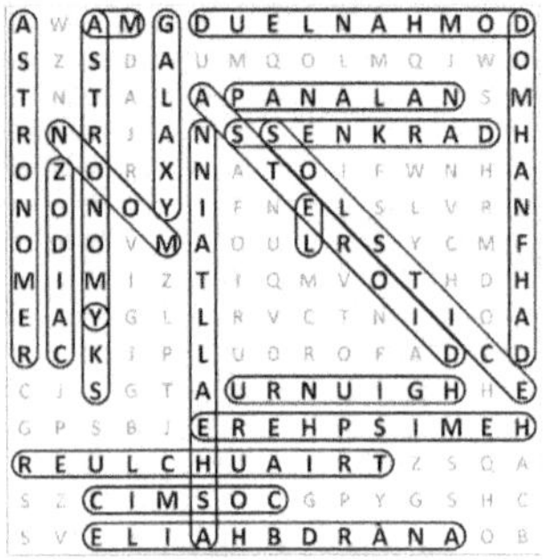

86 - Géographie

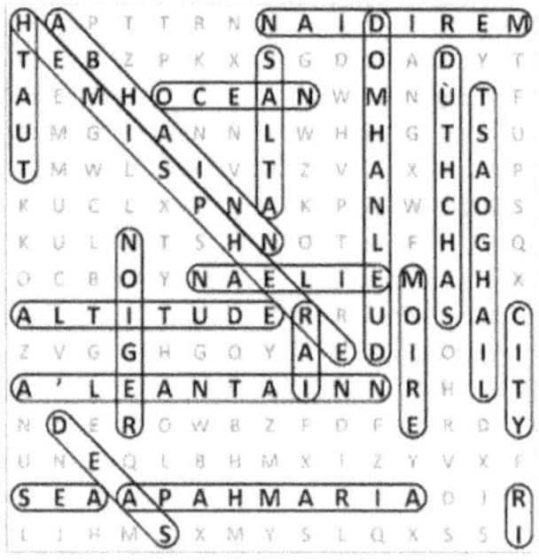

87 - Bâtiments

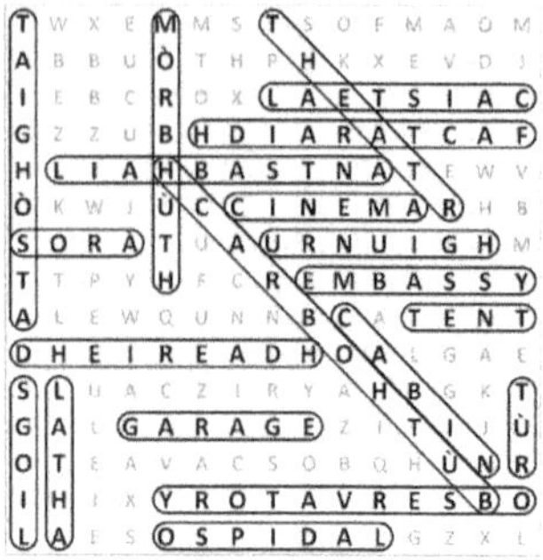

88 - Livres

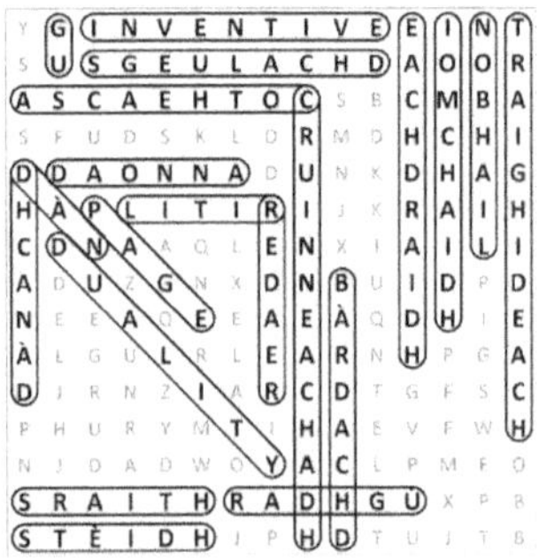

89 - Pays #2

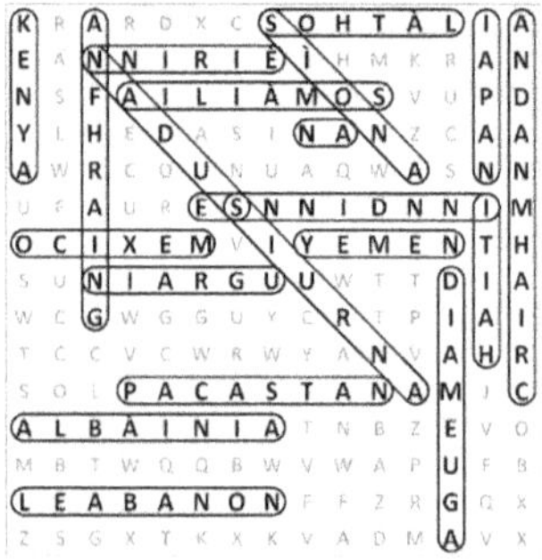

90 - Fournitures d'Art

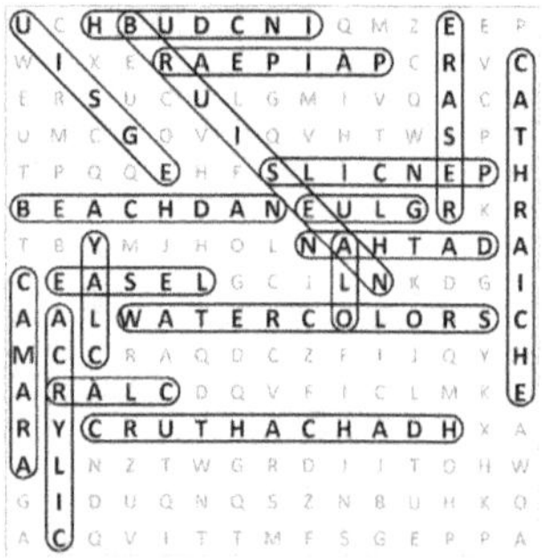

91 - Compétences Professionnelles

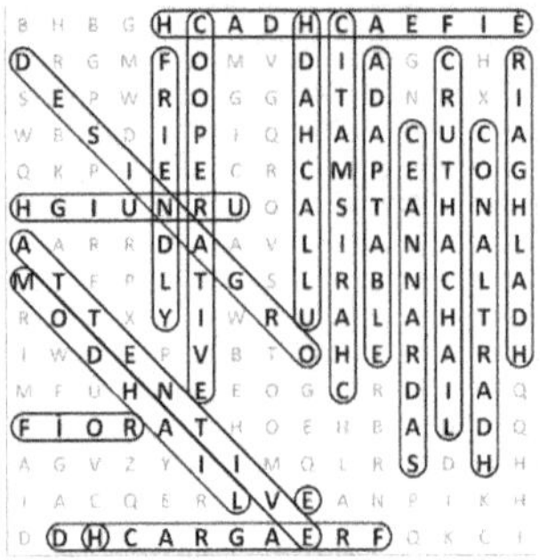

92 - Jazz

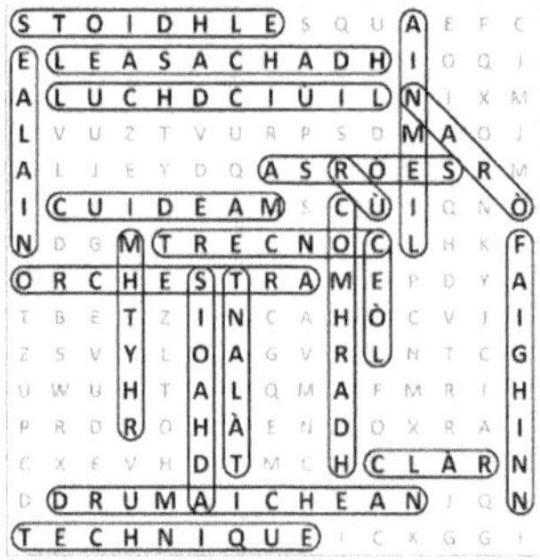

93 - Paysages

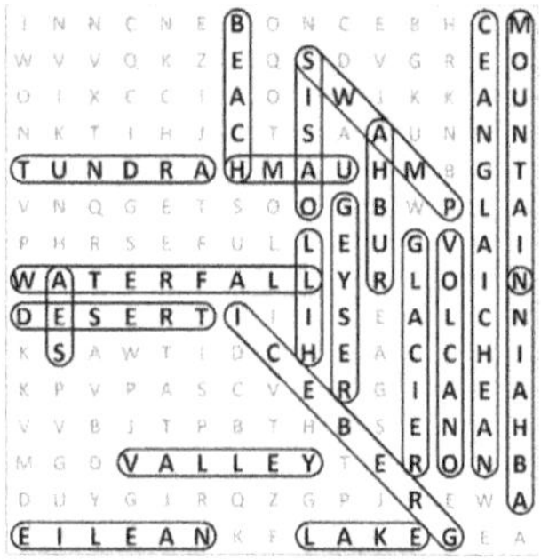

94 - Pays #1

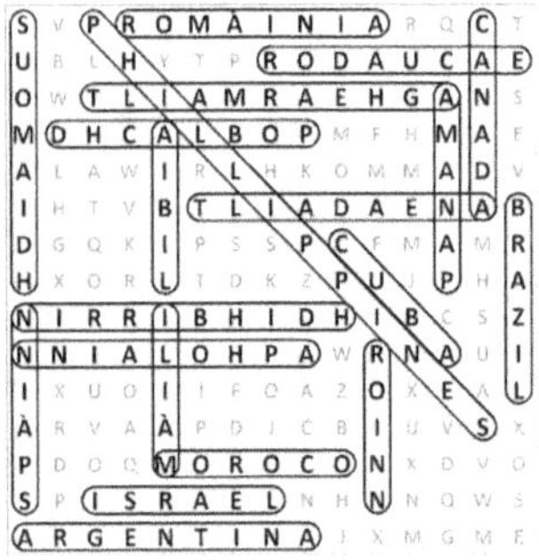

95 - Nombres

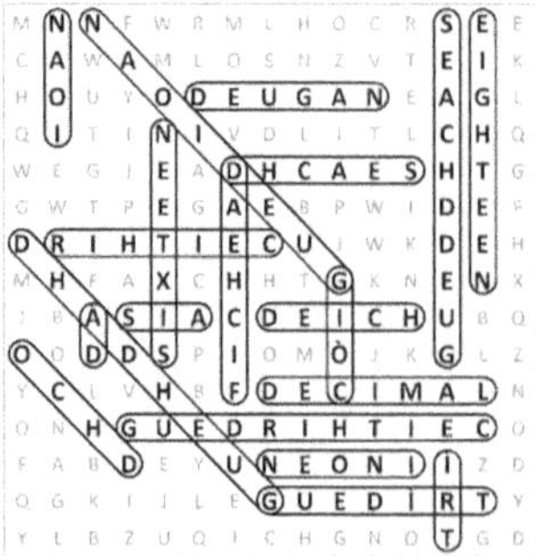

96 - Psychologie

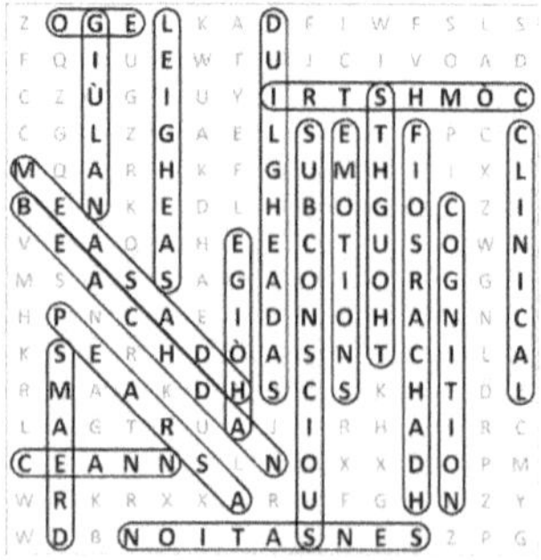

97 - Nature

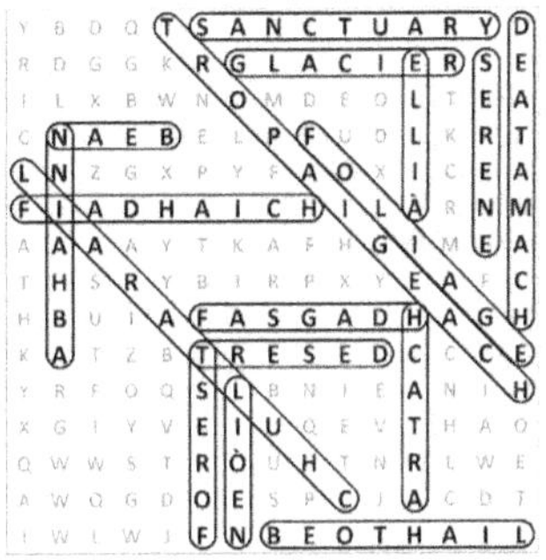

98 - Chimie

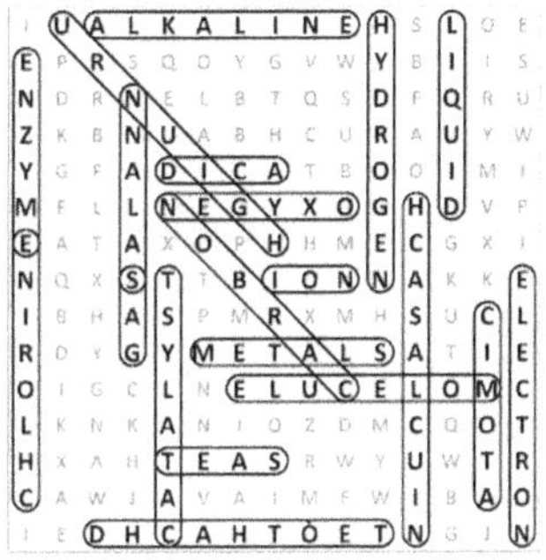

99 - Bateaux

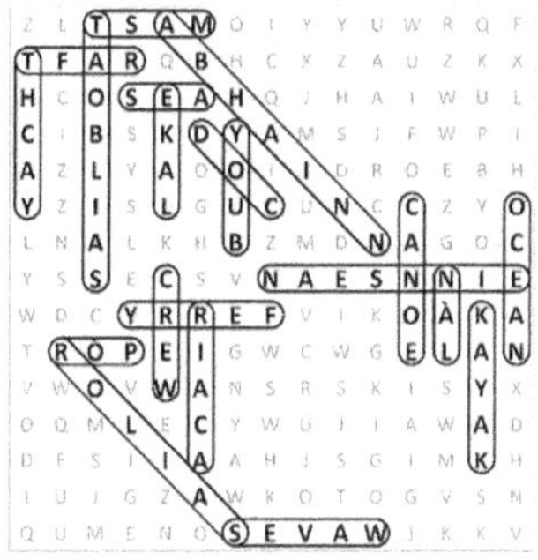

100 - Mesures

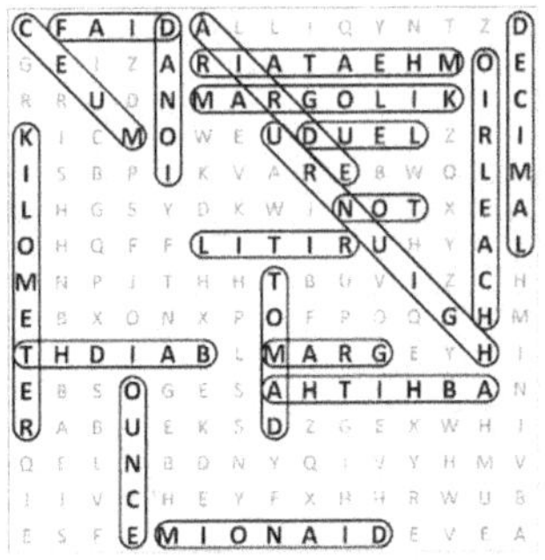

Dictionnaire

Activités
Gnìomhan

Activité	Cleas
Art	Ealain
Artisanat	Obair-Ciùird
Camping	Campadh
Chasse	Sealg
Compétence	Sgil
Couture	Seòrr
Danse	Dannsa
Lecture	Leughadh
Loisir	Cur-Seachadan
Magie	Magic
Peinture	Peantadh
Pêche	Iasgair
Photographie	Photography
Plaisir	Pleasure
Randonnée	Hiking
Relaxation	Laoidh
Tricot	Fighe

Adjectifs #1
Buadhairean # 1

Absolu	Gu Math
Actif	Gnìomhach
Ambitieux	Adhartach
Aromatique	Aromatic
Attractif	Tarraingiche
Beau	Bòidheach
Exotique	Moladh
Énorme	Mòr
Fantastique	Sgoinneil
Généreux	Chuid
Honnête	Honest
Important	Cudromach
Innocent	Neo-Chiontach
Jeune	Òg
Lent	Laoidh
Lourd	Heavy
Mince	Thin
Parfait	Perfect
Profond	Deep
Utile	Feumail

Adjectifs #2
Buadhairean # 2

Authentique	Fìor
Célèbre	Ainmeil
Créatif	Cruthachail
Descriptif	Descriptive
Doué	Ga Thoirt
Dramatique	Dràma
Élégant	Elegant
Fier	Proud
Fort	Strong
Intéressant	Inntinneach
Naturel	Nàdarra
Nouveau	Ùr
Productif	A Bhith A
Puissant	Cumhachd
Pur	Eile.
Responsable	Freagrach
Sain	Slàinte
Salé	Salty
Sauvage	Fiadhaich
Somnolent	Sleepy

Agronomie
Agronomy

Agriculture	Àiteachas
Croissance	Fàs
Eau	Uisge
Engrais	Fertiliser
Environnement	Àrainn
Écologie	Ecology
Énergie	Lùth
Étude	Sgrùdadh
Graines	Sìol
Identification	Aithneachadh
Légumes	Ghlasraich
Maladies	Clò
Nourriture	Bia
Pollution	Truailleadh
Production	Saothrachaidh
Recherche	Rannsachadh
Rural	Dùthchail
Science	Saidhean
Sol	Ùir
Systèmes	Siostaman

Algèbre
Ailseabra

Diagramme	Diagram
Exposant	Easponant
Équation	Urnuigh
Facteur	Factor
Faux	False
Formule	Diabhal
Fraction	Fraction
Graphique	Graf
Infini	Infinite
Linéaire	Loidhneach
Matrice	Matrix
Nombre	Àireamh
Parenthèse	Parenthesis
Problème	Duilgheadas
Quantité	Meud
Simplifier	Cum Simplidh
Solution	Freagairt
Variable	Barantas
Zéro	Neoni

Antarctique
An Antartaig

Baie	Bàs
Baleines	Mucan-Mara
Chercheur	Rannsachadh
Conservation	Comhradh
Continent	A 'leantainn
Eau	Uisge
Environnement	Àrainn
Expédition	Taisbeanadh
Géographie	Daoine
Glace	Deigh
Glaciers	Glaciers
Îles	Eileanan
Migration	Moladh
Minéraux	Mèinnirean
Oiseaux	Eòin
Péninsule	Rubha
Rocheux	Creagach
Scientifique	Saidheans
Température	Teòthachd
Topographie	Cruth-Tìre

Antiquités
Seann Rudan

Art	Ealain
Authentique	Fìor
Bijoux	Jewelry
Décennies	Deichead
Décoratif	San Francisco
Enchères	Rop
Élégant	Elegant
Galerie	Gàrradh
Investissement	Tasgadh
Meubles	Àirneis
Peintures	Dealbhan
Pièces	Coin
Prix	Pris
Qualité	Càileachd
Restauration	Iii
Sculpture	Sculpture
Siècle	Linn
Style	Stoidhle
Valeur	Luach
Vieux	A Dh'Aois

Archéologie
Archeology

Analyse	Mion-Sgrùdadh
Années	Bliadhna
Chercheur	Rannsachadh
Civilisation	Civilisation
Descendant	Descendant
Expert	Eòlaiche
Ère	N
Équipe	Sgioba
Évaluation	Measadh
Fossile	Fossil
Fragments	Fuighill
Inconnu	Urnuigh
Mystère	Mystery
Objets	Rudan
Os	Cnàmhan
Oublié	Forgotten
Relique	Relic
Temple	Temple
Tombe	Uaigh

Art
Ealain

Céramique	Ceramic
Complexe	Iom-Fhillte
Composition	Comhradh
Créer	Cruthaich
Expression	Iomradh
Honnête	Honest
Humeur	Mood
Inspiré	Brosnachadh
Original	Chiad Dreach
Peintures	Dealbhan
Personnel	Pearsanta
Poésie	Bàrdachd
Sculpture	Sculpture
Simple	Simplidh
Sujet	Urnuigh
Surréalisme	Surrealism
Symbole	Samhla
Visuel	Lèirsinn

Astronomie
Reul-Eòlas

Astéroïde	Asteroid
Astronaute	Prìomh
Astronome	Astronomer
Ciel	Sky
Constellation	Constellation
Cosmos	Cosmos
Éclipse	Crìonadh
Équinoxe	Equinox
Fusée	Rocaid
Galaxie	Galaxy
Lune	Moon
Météore	Meteor
Nébuleuse	Nebula
Observatoire	Observatory
Planète	Planet
Radiation	Rèididheachd
Solaire	Panalan
Supernova	Stephens
Terre	An Talamh
Univers	Urnuigh

Aventure
Dàn-Thuras

Activité	Cleas
Amis	Caraidean
Beauté	Àille
Chance	Cothrom
Dangereux	Cunnartach
Destination	Cheann-Uidhe
Défis	Dùbhalan
Difficulté	Dleasnas
Enthousiasme	Dealas
Excursion	Excursion
Itinéraire	Itinerary
Joie	Joy
Nature	Natur
Navigation	Naigheachd
Nouveau	Ùr
Préparation	Ullachadh
Sécurité	Sàbhailteachd

Avions
Plèanaichean

Air	Adhair
Altitude	Altitude
Atmosphère	An Àrd-Bhaile
Atterrissage	Talamh
Aventure	Dànachd
Ballon	Balloon
Carburant	Connadh
Ciel	Sky
Construction	Togail
Descente	Tuirling
Direction	S
Équipage	Crew
Gonfler	Inflate
Hauteur	Àirde
Histoire	Eachdraidh
Hydrogène	Hydrogen
Moteur	Einnsean
Passager	Passenger
Pilote	Pìleat
Turbulence	Turbulence

Barbecues
Barbecues

Chaud	Hot
Couteaux	Sgeinean
Déjeuner	Lòn
Dîner	An Dìnnear
Enfants	Clann
Été	As T-Samhradh
Faim	Acras
Famille	Teaghlach
Fruit	Measan
Gril	Grill
Jeux	Na Geamannan
Légumes	Ghlasraich
Musique	Ceòl
Oignons	Oran
Poivre	Piobar
Poulet	Cearc
Salades	Salads
Sauce	Sauce
Sel	Salann
Tomates	Tomatoes

Bateaux
Bàtaichean

Ancre	Acair
Bouée	Buoy
Canoë	Canoe
Corde	Ròp
Dock	Doc
Équipage	Crew
Ferry	Ferry
Fleuve	Abhainn
Kayak	Kayak
Lac	Lake
Marée	- Làn
Marin	Sailor
Mât	Mast
Mer	Sea
Moteur	Einnsean
Océan	Ocean
Radeau	Raft
Vagues	Waves
Voilier	Sailboat
Yacht	Yacht

Bâtiments
Togalaichean

Ambassade	Embassy
Appartement	Àros
Atelier	Bùth-Obrach
Cabine	Cabin
Château	Caisteal
Cinéma	Cinema
École	Sgoil
Garage	Garage
Grange	An T-Sabhail
Hôpital	Ospidal
Hôtel	Taigh-Òsta
Laboratoire	Latha
Observatoire	Observatory
Stade	Dheireadh
Supermarché	Mòr-Bhùth
Tente	Tent
Théâtre	Theatr
Tour	Tùr
Université	Urnuigh
Usine	Factaraidh

Beauté
Bòidhchead

Boucles	Curls
Charme	Charm
Ciseaux	Scissors
Cosmétique	Cosmetics
Couleur	Dath
Élégance	Elegance
Élégant	Elegant
Grâce	Grace
Lisse	Mìn
Mascara	Mascara
Miroir	Moladh
Parfum	Fragrance
Peau	Skin
Photogénique	Photogenic
Produits	Bathar
Rouge à Lèvres	Ri
Services	Seirbheisean
Shampooing	Shampoo
Styliste	Stylist

Biologie
Bith-Eòlas

Anatomie	Anatomy
Bactéries	Bacteria
Cellule	Cealla
Chromosome	Chromosome
Collagène	Collagen
Embryon	Embryo
Enzyme	Enzyme
Évolution	Evolution
Hormone	Hormone
Mammifère	Beathach
Mutation	Mutation
Naturel	Nàdarra
Nerf	Nerve
Neurone	Neuron
Osmose	Osmosis
Protéine	Protain
Reptile	Reptile
Respiration	Freagairt
Symbiose	Symbiosis
Synapse	Synapse

Café
Cofaidh

Amer	Bitter
Boisson	Deoch
Caféine	Caffeine
Crème	Cream
Eau	Uisge
Filtre	Criathrag
Lait	Bainne
Liquide	Liquid
Matin	Madainn
Moudre	Grind
Noir	Dubh
Origine	Origin
Prix	Pris
Saveur	Flavor
Sucre	Siùcair
Tasse	Cupa
Variété	Barantas

Camping
Campachadh

Animaux	Ainmeachadh
Aventure	Dànachd
Boussole	Iomradh
Cabine	Cabin
Canoë	Canoe
Carte	Air a ' Mhapa
Chapeau	Ad
Chasse	Sealg
Corde	Ròp
Équipement	Urnuigh
Feu	Teine
Forêt	Forest
Hamac	Hammock
Insecte	Dh'
Lac	Lake
Lanterne	Laoidh
Lune	Moon
Montagne	Moire
Nature	Natur
Tente	Tent

Chimie
Ceimigeachd

Acide	Acid
Alcalin	Alkaline
Atomique	Atomic
Carbone	Carbon
Catalyseur	Catalyst
Chaleur	Teas
Chlore	Chlorine
Enzyme	Enzyme
Électron	Electron
Gaz	Gas
Hydrogène	Hydrogen
Ion	Ion
Liquide	Liquid
Métaux	Metals
Molécule	Molecule
Nucléaire	Niuclasach
Oxygène	Oxygen
Poids	Urnuigh
Sel	Salann
Température	Teòthachd

Chocolat
Chocolate

Amer	Bitter
Antioxydant	Antioxidant
Bonbon	Cola
Cacahuètes	Peanuts
Cacao	Cacao
Calories	Calories
Caramel	Caramel
Délicieux	Blasta
Doux	Sweet
Exotique	Moladh
Goût	Blas
Ingrédient	Ingredient
Noix de Coco	Coconut
Poudre	Jump
Qualité	Càileachd
Recette	Recipe
Saveur	Flavor
Sucre	Siùcair

Compétences Professionnelles
Sgilean Obrach

Adaptable	Adaptable
Amical	Friendly
Attentif	Attentive
Authentique	Fìor
Charismatique	Charismatic
Communication	Conaltradh
Coopérative	Cooperative
Créatif	Cruthachail
Dédié	Dh'
Efficace	Èifeachdach
Expérimenté	E
Gestion	Riaghladh
Indépendant	Urnuigh
Leadership	Ceannardas
Organisé	Organised
Préparé	Ullachadh
Respectueux	Modhail
Responsable	Freagrach

Conduite
A ' Dràibheadh

Accident	Tubaist
Camion	Làraidh
Carburant	Connadh
Carte	Air a ' Mhapa
Danger	Bho Chunnart
Freins	Brakes
Garage	Garage
Gaz	Gas
Licence	Cead
Moteur	Co
Moto	Motorcycle
Piéton	Pedestrian
Police	Police
Route	Rathad
Sécurité	Sàbhailteachd
Trafic	Trafaig
Transport	Còmhdhail
Tunnel	Tunail
Vitesse	Na Gaoithe
Voiture	Càr

Corps Humain
Buidheann a ' Chinne-Dao

Bouche	Beul
Cerveau	Brain
Cheville	Ankle
Cou	Amhaich
Coude	Elbow
Cœur	Cridhe
Estomac	Stamag
Épaule	Sgìth
Genou	Knee
Langue	Tongue
Lèvres	Bilean
Main	Làmh
Mâchoire	Jaw
Menton	Chin
Nez	Aois
Oreille	Cluas
Peau	Skin
Sang	Dubh
Tête	Ceann
Visage	Aodann

Couleurs
Dathan

Azur	Speur-Ghorm
Beige	Beige
Blanc	Geal
Bleu	Gorm
Cyan	: Saidhean
Fuchsia	Fuchsia
Gris	Glas
Jaune	Buidhe
Magenta	Maidèanta Ann
Marron	Donn
Noir	Dubh
Orange	Orains
Rose	Pink
Rouge	Red
Sépia	Sepia
Vert	Uaine
Violet	Purpaidh

Cuisine
A ' Chidsin

Baguettes	Chopsticks
Bol	Bobhla
Congélateur	Freezer
Couteaux	Sgeinean
Cruche	Jug
Cuillères	Juice
Épices	Laoidhean
Éponge	Sponge
Four	Àmhainn
Fourchettes	Forks
Gril	Grill
Nourriture	Bia
Pot	Jar
Recette	Recipe
Réfrigérateur	Carbad
Serviette	Napkin
Tablier	Apron
Tasses	Copain

Diplomatie
Dioplòmasaidh

Ambassade	Embassy
Ambassadeur	Tosgaire
Citoyens	Shaoranaich
Civique	Catharra
Conflit	Còmhstri
Conseiller	Comhairle
Coopération	Co-Obrachadh
Diplomatique	Is
Discussion	Urnaigh
Éthique	Beus-Eòlas
Étranger	Cèin
Gouvernement	Riaghladh
Humanitaire	Humanitarian
Intégrité	Treibhdhireas
Justice	Ceart
Politique	Poilitigs
Résolution	Rannsachadh
Sécurité	Dèanamh
Solution	Freagairt
Traité	Còmhla

Disciplines Scientifiques
Smachdan Saidheansail

Anatomie	Anatomy
Archéologie	Arc-Eòlas
Astronomie	Astronomy
Biochimie	Biochemistry
Biologie	Bioleachd
Botanique	Botany
Chimie	Noun
Écologie	Ecology
Géologie	Geòlas
Immunologie	Immunology
Linguistique	Cànanachas
Mécanique	Mechanics
Météorologie	Air Nach bi I
Minéralogie	Mineralogy
Neurologie	Neurology
Physiologie	Physiology
Psychologie	Psychology
Robotique	Robotics
Sociologie	Chaidh
Zoologie	Contributions

Entreprise
Gnìomhachas

Argent	Airgead
Boutique	Bùth
Budget	Buidseat
Bureau	Oifis
Carrière	Caraid
Coût	Costas
Devise	Airgeadra
Employeur	Chèile
Employé	Fosgladh
Entreprise	Company
Économie	Eaconomaidh
Finance	Ionmhas
Impôts	Cìsean
Investissement	Tasgadh
Marchandise	Mòran Bathair
Profit	Prothaid
Revenu	Teachd
Transaction	Iomradh
Usine	Factaraidh
Vente	Sale

Escalade
Streap

Altitude	Altitude
Atmosphère	An Àrd-Bhaile
Blessure	Leòn
Bottes	Boots
Carte	Air a ' Mhapa
Casque	Culaidh
Défis	Dùbhalan
Expert	Eòlaiche
Étroit	Chumhaing
Force	Neart
Formation	Trèanadh
Gants	Gloves
Grotte	Uamh
Guides	Iùil
Physique	S
Randonnée	Hiking
Stabilité	Seasmhachd
Terrain	Chrutha-Tìre

Énergie
Cumhachd

Batterie	Plastaig
Carbone	Carbon
Carburant	Connadh
Chaleur	Teas
Diesel	Diesel
Entropie	Entropy
Environnement	Àrainn
Essence	Gasoline
Électrique	Dealan
Électron	Electron
Hydrogène	Hydrogen
Industrie	Gnìomhachas
Moteur	Co
Nucléaire	Niuclasach
Photon	Photon
Pollution	Truailleadh
Soleil	Dido
Turbine	Turbain
Vapeur	Smùid
Vent	Urnuigh

Épices
Spìosraidhean

Aigre	Sour
Amer	Bitter
Anis	Anise
Cannelle	Cinnamon
Cardamome	Cardamom
Coriandre	Coriander
Cumin	Cumin
Curry	Curry
Fenouil	Fennel
Fenugrec	Fenugreek
Gingembre	Ginger
Muscade	Nutmeg
Oignon	Onion
Paprika	Paprika
Poivre	Piobar
Réglisse	Licorice
Safran	Saffron
Saveur	Flavor
Sel	Salann
Vanille	Vanilla

Éthique
Beus-Eòlas

Altruisme	Altruism
Compassion	Iomradh
Coopération	Co-Obrachadh
Dignité	Urram
Diplomatique	Is
Gentillesse	Kindness
Honnêteté	Urnaigh
Humanité	Daoine
Individualisme	Thuirt e Gun
Intégrité	Treibhdhireas
Optimisme	Optimism
Philosophie	Feallsanachd
Raisonnable	Reusanta
Rationalité	Riaghladh
Respectueux	Modhail
Réalisme	Gluasadan
Sagesse	Wisdom
Valeurs	Luachan

Famille
Teaghlach

Ancêtre	Ancestor
Cousin	Co-Ogha
Enfance	A H-Òige,
Enfant	Clann
Femme	Bean
Fille	Nighean
Frère	Brother
Grand-Mère	Seanmhair
Grand-Père	Seanair
Mari	Duine
Maternel	Maternal
Mère	Màthair
Neveu	Nephew
Nièce	Cuimhne
Oncle	Uair
Paternel	Paternal
Petit-Fils	An T-Ogha,
Père	Athair
Soeur	Piuthar
Tante	Aunt

Ferme #1
Tuathanas # 1

Abeille	Bee
Agriculture	Àiteachas
Âne	Donkey
Bison	Bison
Champ	Achadh
Chat	Cat
Cheval	Each
Chèvre	Seo
Chien	Cù
Clôture	Feansa
Corbeau	Crow
Eau	Uisge
Engrais	Fertiliser
Foin	Hay
Miel	Mil
Poulet	Cearc
Riz	Rice
Troupeau	Floc
Vache	Cow
Veau	Laogh

Ferme #2
Tuathanas # 2

Agneau	Litir
Agriculteur	Farmer
Animaux	Ainmeachadh
Blé	Chruithneachd
Canard	Tunnag
Fruit	Measan
Grange	An T-Sabhail
Irrigation	Irrigation
Lait	Bainne
Lama	Llama
Légume	Glasraich
Maïs	Coirce
Moulin à Vent	Windmill
Mouton	Duilleag
Nourriture	Bia
Oies	Geòidh
Orge	Barley
Pré	Meadow
Tracteur	Tractar
Verger	Orchard

Fleurs
Flùraichean

Bouquet	Bouquet
Gardénia	Gardenia
Hibiscus	Hibiscus
Jasmin	Jasmine
Lavande	Laoidh
Lilas	Lilac
Lys	Lily
Magnolia	Magnolia
Marguerite	Daisy
Orchidée	Orchid
Pavot	Poppy
Pétale	Petal
Pissenlit	Dandelion
Pivoine	Peony
Plumeria	Plumeria
Tournesol	Sunflower
Trèfle	Seamraig
Tulipe	Tulip

Formes
Cumaidhean

Arc	Arc
Bords	Iomallan
Carré	Ceann
Cercle	Cearcall
Coin	Oisean
Courbe	Curve
Cône	Cone
Côté	Taobh
Cube	Cube
Cylindre	Siolandair
Ellipse	Ellipse
Hyperbole	Hyperbola
Ligne	Line
Ovale	Oval
Polygone	Polygon
Prisme	Prism
Pyramide	Pyramid
Triangle	Triantan

Fournitures d'Art
Ealain Bathair

Acrylique	Acrylic
Aquarelles	Watercolors
Argile	Clay
Brosses	Bruisean
Caméra	Camara
Chaise	Cathraiche
Chevalet	Easel
Colle	Glue
Couleurs	Dathan
Crayons	Pencils
Créativité	Cruthachadh
Eau	Uisge
Encre	Inc Dubh
Gomme	Eraser
Huile	Ola
Idées	Beachdan
Papier	Pàipear
Table	Clàr

Fruit
Measan

Abricot	Apricot
Ananas	Pineapple
Avocat	Avocado
Baie	Berry
Banane	Banana
Cerise	Cherry
Citron	Lemon
Figue	Fig
Framboise	Raspberry
Goyave	Guava
Kiwi	Kiwi
Mangue	Mango
Melon	Melon
Nectarine	Nectarine
Orange	Orains
Papaye	Papaya
Pêche	Peach
Poire	Peuran
Pomme	Apple
Raisin	Grape

Géographie
Cruinn-Eòlas

Altitude	Altitude
Atlas	Atlas
Carte	Air a ' Mhapa
Continent	A 'leantainn
Fleuve	Abhainn
Hémisphère	Hemisphere
Île	Eilean
Latitude	Domhan-Leud
Mer	Sea
Méridien	Meridian
Monde	T-Saoghail
Montagne	Moire
Nord	Tuath
Océan	Ocean
Ouest	Iar
Pays	Dùthchas
Région	Region
Sud	Deas
Territoire	Ri
Ville	City

Géologie
Geòlas

Acide	Acid
Calcium	Calcium
Caverne	Cavern
Continent	A 'leantainn
Corail	Coral
Couche	Laoidh
Cristaux	Crystals
Fondu	Molten
Fossile	Fossil
Geyser	Geyser
Lave	Lava
Minéraux	Mèinnirean
Pierre	Caraid
Plateau	Àrd-Chlàr A'
Quartz	Quartz
Sel	Salann
Stalactite	Stalactite
Stalagmites	Stalagmites
Volcan	Volcano
Zone	Zone

Géométrie
Geoimeatraidh

Angle	Ceàrn
Calcul	Calculation
Carré	Ceann
Cercle	Cearcall
Courbe	Curve
Diamètre	Trast-Thomhas
Dimension	Meud
Hauteur	Àirde
Horizontal	Còmhnard
Logique	Logic
Masse	Tomad
Médian	Meadhanan
Nombre	Àireamh
Parallèle	Parallel
Surface	Urnuigh
Symétrie	Symmetry
Théorie	Theòiridh
Triangle	Triantan
Vertical	Inghearach

Gouvernement
Riaghaltas

Citoyenneté	Saoranachd
Civil	Catharra
Constitution	Bun-Reachd
Démocratie	Democracaidh
Discours	Òraid
Discussion	Urnaigh
District	Sgìre
Droits	Ceartan
Égalité	Urnuigh
État	State
Indépendance	Fiosrachadh
Justice	Ceart
Leader	Stiùiriche
Liberté	Saorsa
Loi	Lagh
Nation	Dùthaich
National	Nàiseanta
Paisible	Chultarail
Politique	Poilitigs
Symbole	Samhla

Herboristerie
Luibh-Eòlas

Aromatique	Aromatic
Basilic	Basil
Bénéfique	Fear-Ciuil
Culinaire	Culinary
Estragon	Tarragon
Fenouil	Fennel
Fleur	Flùr
Ingrédient	Ingredient
Jardin	Garden
Lavande	Laoidh
Marjolaine	Meacan-Dubh
Menthe	Mint
Origan	Oregano
Persil	Parsley
Qualité	Càileachd
Romarin	Rosemary
Safran	Saffron
Saveur	Flavor
Thym	Thyme
Vert	Uaine

Immigration
In-Imrich

Administration	Rianachd
Adultes	Inbhich
Aide	Aid
Approbation	Aonta
Communication	Conaltradh
Date Limite	Ceann-Latha
Enfants	Clann
Financement	Maoin
Frontières	Crìochan
Langue	Cànan
Logement	Taigh
Loi	Lagh
Négociation	Neònachadh
Officier	Oifigear
Processus	Pròiseas
Protection	Dìon
Situation	Suidheachadh
Solution	Freagairt
Stress	Stress

Ingénierie
Innleadaireachd

Angle	Ceàrn
Calcul	Calculation
Construction	Togail
Diagramme	Diagram
Diamètre	Trast-Thomhas
Diesel	Diesel
Distribution	Dùthchas
Engrenages	Gears
Énergie	Lùth
Force	Neart
Leviers	Levers
Liquide	Liquid
Machine	Machine
Mesure	Measadh
Moteur	Co
Profondeur	A Bhith A
Propulsion	Moladh
Stabilité	Seasmhachd
Structure	Structar

Instruments de Musique
Ionnsramaidean Ciùil

Banjo	Banjo
Basson	Bassoon
Clarinette	Clarinet
Flûte	Flùr
Gong	Gong
Guitare	Giotàr
Harpe	Clàrsach
Hautbois	Oboe
Mandoline	Mandolin
Marimba	Marimba
Percussion	Faraim
Piano	Piano
Saxophone	Sacsafon
Tambour	Drum
Tambourin	Tambairin
Trombone	Trompan
Trompette	Trumpet
Violon	Violin
Violoncelle	Cello

Jardin

Garden

Arbre	Tree
Banc	Fear
Buisson	Bush
Clôture	Feansa
Étang	Lochan
Fleur	Flùr
Garage	Garage
Hamac	Hammock
Herbe	Gras
Jardin	Garden
Mauvaises Herbes	Hawk'
Pelle	Sluasaid
Pelouse	Glasach
Râteau	Rake
Sol	Ùir
Terrasse	Terrace
Trampoline	Trampoline
Tuyau	Oran
Verger	Orchard
Vigne	Vine

Jardinage

Gàirnealaireachd

Botanique	Botanical
Bouquet	Bouquet
Climat	Tìre
Compost	Compost
Eau	Uisge
Exotique	Moladh
Feuillage	Foliage
Feuille	Leaf
Fleur	Blossom
Floral	Floral
Graines	Sìol
Humidité	Moist
Récipient	Soitheach
Saisonnier	Ràitheil
Saleté	Mix
Sol	Ùir
Tuyau	Oran
Verger	Orchard

Jazz

Jazz

Accent	Cuideam
Album	Clàr
Artiste	Ealain
Célèbre	Ainmeil
Chanson	Òran
Compositeur	Comhradh
Concert	Concert
Favoris	Faighinn
Genre	Seòrsa
Improvisation	Leasachadh
Musiciens	Luchd-Ciùil
Musique	Ceòl
Nouveau	Ùr
Orchestre	Orchestra
Rythme	Rhythm
Style	Stoidhle
Talent	Tàlant
Tambours	Drumaichean
Technique	Technique
Vieux	A Dh'Aois

Jours et Mois

Làithean Agus Mìosan

Août	An Lùnastal
Avril	A 'Ghiblean
Calendrier	Mìosachan
Décembre	An Dùbhlachd
Dimanche	Didòmhnaich
Février	An Gearran
Jeudi	Diardaoin
Juillet	An T-luchar
Juin	An T-Ògmhios
Lundi	Diluain
Mardi	Dimàirt
Mars	Am Màrt
Mercredi	Diciadain
Mois	Mìos
Novembre	An T-Samhain
Octobre	An Dàmhair
Samedi	Disathairne
Semaine	Seachdain
Septembre	An T-Sultain
Vendredi	Dihaoine

L'Entreprise

A 'Chompanaidh

Affaires	Bònas
Créatif	Cruthachail
Décision	Co-Dhùnadh
Emploi	Cosnadh
Global	Cruinne
Industrie	Gnìomhachas
Innovant	Ùr-Ghnàthach
Investissement	Tasgadh
Possibilité	Gabhadh
Présentation	Taisbeanadh
Produit	Product
Professionnel	Proifeiseanta
Progrès	Adhartas
Qualité	Càileachd
Ressources	Goireasan
Revenu	Ionmhas
Réputation	Cliù
Risques	Cunnartan
Salaire	Tuarastalan
Unités	Aonaid

Les Abeilles

Seilleanan

Ailes	Sgiathan
Bénéfique	Fear-Ciuil
Cire	Wax
Diversité	Dleasnas
Essaim	Swarm
Écosystème	Ecosystem
Fleur	Blossom
Fleurs	Flowers
Fruit	Measan
Fumée	Smo
Habitat	Àrainnean
Insecte	Dh'
Jardin	Garden
Miel	Mil
Nourriture	Bia
Plantes	Lusan
Pollen	Truailleadh
Reine	A ' Bhanrigh
Ruche	Hive
Soleil	Dido

Les Médias
Na Meadhanan

Attitudes	Beachdan
Commercial	Comunn
Communication	Conaltradh
En Ligne	Air-Loidhne
Édition	Deasachadh
Éducation	Foghlam
Faits	Fiosrachadh
Financement	Maoin
Individuel	Aonair
Industrie	Gnìomhachas
Intellectuel	Inntleachdail
Local	Ionadail
Magazines	Irisean
Numérique	Didseatach
Opinion	Beachd
Photos	Dealbhan
Public	Poblach
Radio	Radio
Réseau	Lìonra
Télévision	Telebhisean

Légumes
Ghlasraich

Algue	Feamainn
Artichaut	Artichoke
Aubergine	Eggplant
Brocoli	Broccoli
Carotte	Curran
Céleri	Celery
Champignon	Mushroom
Citrouille	Pumpkin
Concombre	Cucumber
Échalote	Shallot
Épinard	Sliasaid
Gingembre	Ginger
Navet	Turnip
Oignon	Onion
Olive	Olive
Persil	Parsley
Pois	Pea
Radis	Radish
Salade	Buileann
Tomate	Tomato

Littérature
Litreachas

Analogie	Analogy
Analyse	Mion-Sgrùdadh
Anecdote	Anecdote
Auteur	Ùghdar
Comparaison	Coimeas
Conclusion	Co-Dhùnadh
Description	Tuireadh
Dialogue	Dialogue
Fiction	Fiction
Métaphore	Metaphor
Narrateur	Stèidh
Opinion	Beachd
Poème	Dàn
Poétique	Poetic
Rime	Rhyme
Roman	Nobhail
Rythme	Rhythm
Style	Stoidhle
Thème	Thema
Tragédie	Traidseadaidh

Livres
Leabhraichean

Auteur	Ùghdar
Aventure	Dànachd
Collection	Cruinneachadh
Contexte	Co-Theacsa
Dualité	Duality
Épique	Gu
Histoire	Sgeulachd
Historique	Eachdraidh
Humoristique	Daonna
Inventif	Inventive
Lecteur	Reader
Littéraire	Litir
Narrateur	Stèidh
Page	Page
Pertinent	Iomchaidh
Poème	Dàn
Poésie	Bàrdachd
Roman	Nobhail
Série	Sraith
Tragique	Traighideach

Maison
House

Balai	Broom
Bibliothèque	Leabharlann
Chambre	Seòmar
Cheminée	Teallach
Clés	Iuchraichean
Clôture	Feansa
Cuisine	A ' Chidsin
Douche	A-Mhàin
Fenêtre	Urnuigh
Garage	Garage
Grenier	Attic
Jardin	Garden
Lampe	Lampa
Miroir	Moladh
Mur	Balla
Plafond	Ceilte
Porte	Doras
Rideaux	Curtains
Tapis	Brat
Toit	Mullach

Maladie
Galair

Abdominal	Abdominal
Allergies	Allergies
Bien-Être	Urnuigh
Chronique	Chronic
Contagieux	Gabhaltach
Corps	Comhradh
Cœur	Cridhe
Faible	Lag
Génétique	Gineadach
Héréditaire	Bha
Immunité	Immunity
Inflammation	Inflammation
Lombaire	Lumbar
Neuropathie	Neuropathy
Os	Cnàmhan
Pulmonaire	Pulmonary
Respiratoire	Freagairt
Santé	Slàinte
Syndrome	Syndrome
Thérapie	Leigheas

Mammifères
Mamailean

Baleine	- Mhara
Chat	Cat
Cheval	Each
Chien	Cù
Coyote	Coyote
Dauphin	Dolphin
Éléphant	Elephant
Girafe	Sioraf
Gorille	Gorilla
Kangourou	Kangaroo
Lapin	Rabbit
Lion	Lion
Loup	Wolf
Mouton	Duilleag
Ours	Bear
Renard	Fox
Singe	Monkey
Taureau	Bull
Tigre	Tiger
Zèbre	Zebra

Mesures
Tomhais

Centimètre	Ionad
Degré	Ceum
Décimal	Decimal
Gramme	Gram
Hauteur	Àirde
Kilogramme	Kilogram
Kilomètre	Kilometer
Largeur	Leud
Litre	Litir
Longueur	Faid
Masse	Tomad
Mètre	Mheatair
Minute	Mionaid
Octet	Baidht
Once	Ounce
Poids	Urnuigh
Pouce	Òirleach
Profondeur	A Bhith A
Tonne	Ton

Méditation
Meditation

Acceptation	Achdan
Attention	Aire
Calme	Ciùin
Clarté	Soilleireachd
Compassion	Iomradh
Enseignements	Teagasg
Esprit	Mind
Émotions	Emotions
Éveillé	Awake
Gentillesse	Kindness
Gratitude	Chùis
Mouvement	Gluasad
Musique	Ceòl
Nature	Natur
Paix	Peace
Pensées	Thoughts
Perspective	Sealladh
Respiration	Breathadh
Silence	Sàmhchair

Météo
Aimsir

Arc-En-Ciel	Bogha-Frois
Atmosphère	An Àrd-Bhaile
Calme	Ciùin
Ciel	Sky
Climat	Tìre
Éclair	Laoidh
Glace	Deigh
Humide	Mild
Inondation	Tuil
Mousson	Monsoon
Nuage	Cloud
Nuageux	Geàrr
Ouragan	Marbh
Polaire	Polar
Sécheresse	Drought
Température	Teòthachd
Tempête	Storm
Tornade	Iomghaoth
Tropical	Tropaigeach
Vent	Urnuigh

Musique
Music

Album	Clàr
Ballade	Ballad
Chanter	Sing
Chanteur	Seinneadair
Classique	Classical
Éclectique	Eclectic
Harmonie	Harmony
Harmonique	Harmonic
Improviser	Improvise
Instrument	An T-Inneal
Lyrique	Lyrical
Mélodie	Fonn
Microphone	Microphone
Musical	Ciùil
Musicien	Neach-Ciùil
Opéra	Opera
Poétique	Poetic
Rythme	Rhythm
Rythmique	Rhythmic
Vocal	Vocal

Nature
Nàdar

Abeilles	Bean
Abri	Fasgadh
Animaux	Ainmeachadh
Arctique	Artach
Beauté	Àille
Désert	Desert
Dynamique	Beothail
Feuillage	Foliage
Fleuve	Abhainn
Forêt	Forest
Glacier	Glacier
Nuage	Neòil
Paisible	Chultarail
Sanctuaire	Sanctuary
Sauvage	Fiadhaich
Serein	Serene
Tropical	Tropaigeach
Vital	Deatamach

Nombres

Àireamhan

Cinq	Còig
Deux	Dà
Décimal	Decimal
Dix	Deich
Dix-Huit	Eighteen
Dix-Neuf	Naoi-Deug
Dix-Sept	Seachd-Deug
Douze	Dhà-Dheug
Huit	Ochd
Neuf	Naoi
Quatorze	Ceithir-Deug
Quatre	Ceithir
Quinze	Deug An
Seize	Sixteen
Sept	Seachd
Six	Sia
Treize	Trì-Deug
Trois	Trì
Vingt	Fichead
Zéro	Neoni

Nourriture #1

Biadh # 1

Abricot	Apricot
Basilic	Basil
Café	Cofaidh
Cannelle	Cinnamon
Carotte	Curran
Citron	Lemon
Épinard	Sliasaid
Fraise	Strawberry
Jus	Juice
Lait	Bainne
Navet	Turnip
Oignon	Onion
Orge	Barley
Poire	Peuran
Salade	Buileann
Sel	Salann
Soupe	Sùil
Sucre	Siùcair
Thon	Tuna
Viande	Meadh

Nourriture #2

Biadh # 2

Amande	Almond
Aubergine	Eggplant
Banane	Banana
Blé	Chruithneachd
Brocoli	Broccoli
Cerise	Cherry
Céleri	Celery
Champignon	Mushroom
Chocolat	Chocolate
Jambon	Ham
Kiwi	Kiwi
Mangue	Mango
Oeuf	Ugh
Pain	Aran
Poisson	Iasg
Pomme	Apple
Poulet	Cearc
Raisin	Grape
Riz	Rice
Tomate	Tomato

Nutrition

Beathachadh

Amer	Bitter
Appétit	Appetite
Calories	Calories
Choix	Roghainn
Diète	Daithead
Digestion	Digestion
Épices	Laoidhean
Fermentation	Fermentation
Glucides	Carbohydrates
Liquides	Liquids
Nutritif	Nutrient
Poids	Urnuigh
Portion	Cuibhreann
Protéines	Proteins
Qualité	Càileachd
Santé	Slàinte
Sauce	Sauce
Saveur	Flavor
Toxine	Toxin
Vitamine	Vitamin

Océan

Ocean

Algue	Feamainn
Anguille	Easgann
Baleine	- Mhara
Bateau	Bàta
Corail	Coral
Crabe	Crab
Crevette	Seanmhair
Dauphin	Dolphin
Éponge	Sponge
Huître	Oyster
Méduse	Jellyfish
Poisson	Iasg
Poulpe	Octopus
Requin	Shark
Récif	Jersey
Sel	Salann
Tempête	Storm
Thon	Tuna
Tortue	Turtle
Vagues	Waves

Oiseaux

Eòin

Aigle	Eagle
Autruche	Ostrich
Canard	Tunnag
Canari	Canary
Cigogne	Stork
Colombe	Dove
Corbeau	Crow
Coucou	Chuthag
Cygne	Eala
Flamant	Flamingo
Moineau	Emma
Mouette	Gull
Oeuf	Ugh
Oie	Goose
Paon	Peacog
Perroquet	Parrot
Pélican	Pelican
Pigeon	Pigeon
Poulet	Cearc
Toucan	Toucan

Pays #1
Dùthchannan # 1

Afghanistan	Roinn
Allemagne	A 'Ghearmailt
Argentine	Argentina
Brésil	Brazil
Canada	Canada
Cuba	Cuba
Espagne	Spàinn
Équateur	Eacuador
Finlande	Suomaidh
Israël	Israel
Italie	An Eadailt
Libye	Libia
Mali	Màili
Maroc	Moroco
Nicaragua	Poblachd
Norvège	Nirribhidh
Panama	Panama
Philippines	Phillippines
Pologne	A 'Pholainn
Roumanie	Romàinia

Pays #2
Dùthchannan # 2

Albanie	Albàinia
Chine	Sìona
Danemark	An Danmhairc
Ethiopie	Na
France	An Fhraing
Haïti	Haiti
Indonésie	Innd Innse
Irlande	Èirinn
Jamaïque	Diameuga
Japon	Iapan
Kenya	Kenya
Laos	Làthos
Liban	Leabanon
Mexique	Mexico
Pakistan	Pacastan
Russie	An Ruis
Somalie	Somàilia
Soudan	Sudan
Syrie	Yemen
Ukraine	Ugrain

Paysages
Cruthan-Tìre

Cascade	Waterfall
Colline	Hill
Désert	Desert
Estuaire	Ceanglaichean
Fleuve	Abhainn
Geyser	Geyser
Glacier	Glacier
Grotte	Uamh
Iceberg	Iceberg
Île	Eilean
Lac	Lake
Marais	Swamp
Mer	Sea
Montagne	Mountain
Oasis	Oasis
Péninsule	Rubha
Plage	Beach
Toundra	Tundra
Vallée	Valley
Volcan	Volcano

Philanthropie
Philanthropy

Besoin	Feum
Buts	Spriocan
Charité	Caraid
Contacts	Fios Thugainn
Défis	Dùbhalan
Enfants	Clann
Finance	Ionmhas
Fonds	Maoin
Générosité	Generosity
Global	Cruinne
Groupes	Buidhnean
Histoire	Eachdraidh
Honnêteté	Urnaigh
Humanité	Daoine
Jeunesse	Oran
Mission	E
Programmes	Prògraman
Public	Poblach

Photographie
Photography

Cadre	Frèam
Caméra	Camara
Composition	Comhradh
Contraste	Cunnart
Couleur	Dath
Définition	Mìneachadh
Exposition	Taisbeanadh
Éclairage	Solas
Format	Foirm
Noir	Dubh
Objet	Nì
Obscurité	Darkness
Ombre	Shadows
Perspective	Sealladh
Portrait	Dealbh
Sujet	Urnuigh
Texture	Texture
Visuel	Lèirsinn

Physique
Fiosaigeachd

Accélération	Urnuigh
Atome	Atom
Chaos	Leughadh
Chimique	Chemical
Densité	Dleasnas
Expansion	Moladh
Électron	Electron
Formule	Diabhal
Fréquence	Frequency
Gaz	Gas
Gravité	Gravity
Magnétisme	Magnetism
Masse	Tomad
Mécanique	Mechanics
Molécule	Molecule
Moteur	Einnsean
Nucléaire	Niuclasach
Particule	Fad
Relativité	Laoidh
Vitesse	Na Gaoithe

Plage
Tràigh

Bateau	Bàta
Bleu	Gorm
Côte	A-Mhàin
Crabe	Crab
Dock	Doc
Île	Eilean
Lagune	Lagoon
Mer	Sea
Océan	Ocean
Parapluie	Umbrella
Récif	Jersey
Sable	Sand
Sandales	Sandals
Serviette	Towel
Soleil	Dido
Vacances	Vacation
Voilier	Sailboat

Plantes
Lusan

Arbre	Tree
Baie	Berry
Bambou	Bambù
Botanique	Botany
Buisson	Bush
Cactus	Cactus
Engrais	Fertiliser
Feuillage	Foliage
Fleur	Flùr
Flore	Flòraidh
Forêt	Forest
Grandir	Fàs
Haricot	Bean
Herbe	Gras
Jardin	Garden
Lierre	Ivy
Mousse	Moss
Pétale	Petal
Racine	Root
Végétation	Laoidh

Professions #1
Professions #1

Ambassadeur	Tosgaire
Astronome	Astronomer
Avocat	Neach-Lagh
Banquier	Banker
Bijoutier	Jeweler
Cartographe	Cartographer
Chasseur	Urnuigh
Danseur	Dancer
Entraîneur	Coidse
Éditeur	Deasaiche
Géologue	Geologist
Infirmière	Nurse
Médecin	Doctor
Musicien	Neach-Ciùil
Pianiste	Neach-Piàna
Plombier	Plumber
Pompier	Firefighter
Psychologue	Psychologist
Scientifique	Scientist
Vétérinaire	Veterinarian

Professions #2
Professions #2

Agriculteur	Farmer
Astronaute	Prìomh
Biologiste	Biologist
Chercheur	Rannsachadh
Chirurgien	Surgeon
Dentiste	Fhiaclair
Détective	Detective
Enseignant	Teagasg
Éditeur	Foillsichear
Illustrateur	Neach-Deilbh
Ingénieur	S
Inventeur	Inventor
Jardinier	Gardener
Journaliste	Urnuigh
Linguiste	Linguist
Médecin	Physician
Peintre	Peantair
Philosophe	B ' E
Pilote	Pìleat
Zoologiste	Zoologist

Psychologie
Eòlas-Inntinn

Clinique	Clinical
Cognition	Cognition
Comportement	Giùlan
Conflit	Còmhstri
Ego	Ego
Enfance	A H-Òige,
Émotions	Emotions
Évaluation	Measadh
Idées	Beachdan
Pensées	Thoughts
Perception	Ceann
Personnalité	Pearsa
Problème	Duilgheadas
Réalité	Fìosrachadh
Rêves	Dreams
Sensation	Sensation
Subconscient	Subconscious
Thérapie	Leigheas

Randonnée
Coiseachd

Animaux	Ainmeachadh
Bottes	Boots
Camping	Campadh
Carte	Air a ' Mhapa
Climat	Tìre
Eau	Uisge
Fatigué	Sgìth
Guides	Iùil
Lourd	Heavy
Météo	Aimsir
Montagne	Mountain
Nature	Natur
Orientation	Comhair
Parcs	Pàirt
Pierres	Clachan
Préparation	Ullachadh
Sauvage	Fiadhaich
Soleil	Dido
Sommet	Cruinneachadh

Restaurant #2
Taigh-Bìdh # 2

Boisson	Deoch
Chaise	Cathraiche
Cuillère	Spoon
Déjeuner	Lòn
Délicieux	Blasta
Dîner	An Dìnnear
Eau	Uisge
Épices	Laoidhean
Fourchette	Gobhal
Fruit	Measan
Gâteau	Cèic
Glace	Deigh
Légumes	Ghlasraich
Nouilles	Noodles
Oeuf	Uighean
Poisson	Iasg
Salade	Buileann
Sel	Salann
Serveur	Waiter
Soupe	Sùil

Réchauffement Climatique
Blàthachadh na Cruinne

Arctique	Artach
Attention	Aire
Climat	Tìre
Crise	Èiginn
Développement	Leasachadh
Données	Dàta
Environnemental	Àrainneachd
Énergie	Lùth
Futur	Àm ri Teachd
Gaz	Gas
Générations	Ginealaichean
Gouvernement	Riaghladh
Habitats	Laoidhean
Industrie	Gnìomhachas
Législation	Laoidh
Maintenant	A-Nis
Populations	Daoine
Scientifique	Scientist
Températures	Chan

Santé et Bien-Être #1
Slàinte Agus Wellness #1

Actif	Gnìomhach
Bactéries	Bacteria
Blessure	Leòn
Clinique	Clionaig Ùr
Faim	Acras
Fracture	Fracture
Habitude	Laoidh
Hauteur	Àirde
Hormone	Hormones
Médecin	Doctor
Muscles	Muscles
Nerfs	Nerves
Os	Cnàmhan
Peau	Skin
Pharmacie	Pharmacy
Réflexe	Reflex
Suppléments	Solaran
Thérapie	Leigheas
Traitement	Còmhradh
Virus	Virus

Santé et Bien-Être #2
Slàinte Agus Wellness #2

Allergie	Allergy
Anatomie	Anatomy
Appétit	Appetite
Calorie	Calorie
Corps	Comhradh
Déshydratation	Dehydration
Énergie	Lùth
Génétique	Genetics
Hôpital	Ospidal
Hygiène	Hygiene
Infection	Infection
Maladie	Galair
Massage	Massage
Nutrition	Beathachadh
Poids	Urnuigh
Récupération	Recovery
Sain	Slàinte
Sang	Dubh
Stress	Stress
Vitamine	Vitamin

Science
Saidheans

Atome	Atom
Chimique	Chemical
Climat	Tìre
Données	Dàta
Expérience	E
Évolution	Evolution
Fait	S
Fossile	Fossil
Gravité	Gravity
Hypothèse	Hypothesis
Laboratoire	Latha
Méthode	Modh
Minéraux	Mèinnirean
Molécules	Molecules
Nature	Natur
Observation	Sealladh
Particules	Com-Pàirtean
Physique	Fisic
Plantes	Lusan
Scientifique	Scientist

Science-Fiction
Ficsean-Saidheans

Atomique	Atomic
Cinéma	Cinema
Dystopie	Dystopia
Explosion	Spreadhadh
Extrême	Àirde
Fantastique	Sgoinneil
Feu	Teine
Futuriste	Futuristic
Galaxie	Galaxy
Illusion	Illusion
Imaginaire	Imaginary
Livres	Leabhraichean
Monde	T-Saoghail
Mystérieux	Mysterious
Oracle	Oracle
Planète	Planet
Robots	Robots
Technologie	Teicneòlas
Utopie	Utopia

Sport
Spòrs

Athlète	Athlete
Capacité	Comas
Corps	Comhradh
Cyclisme	Riochd
Danse	Dannsa
Diète	Daithead
Entraîneur	Coidse
Force	Neart
Jogging	Jogging
Maximiser	Maximise
Métabolique	Metabolic
Muscles	Muscles
Nutrition	Beathachadh
Objectif	Amas
Os	Cnàmhan
Programme	Prògram
Santé	Slàinte
Sports	Spòrs

Sports
Spòrs

Arbitre	Rèitear
Athlète	Athlete
Base-Ball	Baseball
Basket-Ball	Thathar
Championnat	Championship
Entraîneur	Coidse
Équipe	Sgioba
Gagnant	Taghaidh
Golf	Goilf
Gymnase	Gymnasium
Gymnastique	Gymnastics
Hockey	Hocaidh
Jeu	Geama
Joueur	Player
Mouvement	Gluasad
Stade	Dheireadh
Tennis	Teanas
Vélo	Rothair

Technologie
Teicneòlas

Blog	Blog
Caméra	Camara
Curseur	Cursor
Données	Dàta
Écran	Sgrìn
Fichier	Faidhle
Internet	Eadar-Lìon
Logiciel	Bathar-Bog
Message	Fear-Tathaich
Navigateur	Bhrabhsair
Numérique	Didseatach
Octets	Bytes
Ordinateur	Rannsachadh
Police	Cruth-Clò
Sécurité	Dèanamh
Statistiques	Statistics
Virtuel	Mas-Fhìor
Virus	Virus

Temps
Uair

Année	Bliadhna
Annuel	Bliadhnail
Après	A-Mhàin
Avant	Mus
Bientôt	Urnaigh
Calendrier	Mìosachan
Décennie	Deichead
Futur	Àm ri Teachd
Heure	Uair
Hier	An-Dè
Horloge	Cloc
Jour	Latha
Maintenant	A-Nis
Matin	Madainn
Midi	Chan Eil
Minute	Mionaid
Mois	Mìos
Nuit	Oidhche
Semaine	Seachdain
Siècle	Linn

Types de Cheveux
Seòrsan Fuilt

Blanc	Geal
Blond	Blar
Boucles	Curls
Brillant	Shiny
Chauve	Bald
Coloré	Dathte
Court	Goirid
Doux	Soft
Épais	Tiugh
Frisé	Curly
Gris	Glas
Lisse	Mìn
Long	Fad
Marron	Donn
Mince	Thin
Noir	Dubh
Ondulé	Mfu
Sain	Slàinte
Tresses	Braid
Tressé	Pleatach

Univers
Cruinne-Cè

Astéroïde	Asteroid
Astronome	Astronomer
Astronomie	Astronomy
Atmosphère	An Àrd-Bhaile
Ciel	Sky
Cosmique	Cosmic
Équateur	Urnuigh
Galaxie	Galaxy
Hémisphère	Hemisphere
Horizon	Ma
Latitude	Domhan-Leud
Longitude	Domhan-Fhad
Lune	Moon
Obscurité	Darkness
Orbite	Reul-Chuairt
Solaire	Panalan
Solstice	Solstice
Télescope	Le
Visible	A Shealltainn
Zodiaque	Zodiac

Vacances #2
Làithean-Saora # 2

Aéroport	Airport
Camping	Campadh
Carte	Air a ' Mhapa
Destination	Cheann-Uidhe
Étranger	Cèin
Hôtel	Taigh-Òsta
Île	Eilean
Loisir	Cur-Seachadan
Mer	Sea
Passeport	Passport
Photos	Dealbhan
Plage	Beach
Réservations	Molaidhean
Taxi	Tacsaidh
Tente	Tent
Train	Trèan
Transport	Còmhdhail
Vacances	Laoidh
Visa	Visa
Voyage	Turas

Véhicules
Carbadan

Avion	Adhbrann
Bateau	Bàta
Bus	Bus
Camion	Làraidh
Caravane	Caravan
Ferry	Ferry
Fusée	Rocaid
Hélicoptère	Heileacoptair
Métro	Subway
Moteur	Co
Navette	Shuttle
Pneus	Tires
Radeau	Raft
Scooter	Scooter
Sous-Marin	Submarine
Taxi	Tacsaidh
Tracteur	Tractar
Train	Trèan
Vélo	Rothair
Voiture	Càr

Vêtements
Aodach

Bracelet	Bracelet
Ceinture	Na H-Alba
Chapeau	Ad
Chaussure	Shoe
Chemise	Lèine
Chemisier	Blouse
Collier	Necklace
Foulard	Scarf
Gants	Gloves
Jeans	Jeans
Jupe	Sìos
Manteau	Mapa
Mode	Fasain
Pantalon	Pants
Pull	Sweater
Pyjama	Pajamas
Robe	Doctor
Sandales	Sandals
Tablier	Apron
Veste	Seacaid

Ville
Am Baile

Aéroport	Airport
Banque	Ban
Bibliothèque	Leabharlann
Boulangerie	Taigh-Fuine
Cinéma	Cinema
Clinique	Clionaig Ùr
École	Sgoil
Fleuriste	Florist
Galerie	Gàrradh
Hôtel	Taigh-Òsta
Librairie	Bookstore
Magasin	Stòr
Marché	Market
Pharmacie	Pharmacy
Stade	Dheireadh
Supermarché	Mòr-Bhùth
Théâtre	Theatr
Université	Urnuigh
Zoo	Sù

Félicitations

Vous avez réussi !

Nous espérons que vous avez apprécié ce livre autant que nous avons pris plaisir à le concevoir. Nous faisons de notre mieux pour créer des livres de la meilleure qualité possible.
Cette édition est conçue pour permettre un apprentissage intelligent et de qualité en se divertissant !

Vous avez aimé ce livre ?

Une Simple Demande

Nos livres existent grâce aux avis que vous publiez. Pourriez-vous nous aider en laissant un avis maintenant ?

Voici un lien rapide qui vous mènera à votre page d'évaluation de vos commandes :

BestBooksActivity.com/Avis50

CHALLENGE FINAL !

Défi n°1

Êtes-vous prêt pour votre jeu bonus ? Nous les utilisons tout le temps mais ils ne sont pas si faciles à trouver. Voici les Synonymes !

Notez 5 mots que vous avez trouvés dans les puzzles notés ci-dessous (n°21, n°36, n°76) et essayez de trouver 2 synonymes pour chaque mot.

Notez 5 Mots du ***Puzzle 21***

Mots	Synonyme 1	Synonyme 2

Notez 5 Mots du ***Puzzle 36***

Mots	Synonyme 1	Synonyme 2

Notez 5 Mots du ***Puzzle 76***

Mots	Synonyme 1	Synonyme 2

Défi n°2

Maintenant que vous vous êtes échauffé, notez 5 mots que vous avez découverts dans les Puzzles n° 9, n° 17, n° 25 et essayez de trouver 2 antonymes pour chaque mot. Combien pouvez-vous en trouver en 20 minutes ?

*Notez 5 Mots du **Puzzle 9***

Mots	Antonyme 1	Antonyme 2

*Notez 5 Mots du **Puzzle 17***

Mots	Antonyme 1	Antonyme 2

*Notez 5 Mots du **Puzzle 25***

Mots	Antonyme 1	Antonyme 2

Défi n°3

Formidable ! Ce défi final  n'est rien pour vous.

Prêt pour le dernier défi ? Choisissez 10 mots que vous avez découverts parmi les différents puzzles et notez-les ci-dessous.

1.	6.
2.	7.
3.	8.
4.	9.
5.	10.

Maintenant, composez un texte en pensant à une personne, un animal ou un lieu que vous aimez !

Astuce: Vous pouvez utiliser la dernière page de ce livre comme brouillon !

Votre Composition :

CARNET DE NOTES :

À TRÈS BIENTÔT !

Toute l'équipe

www.ingramcontent.com/pod-product-compliance
Lightning Source LLC
Chambersburg PA
CBHW082202120626
46553CB00010B/2980
* 9 7 9 8 8 9 6 7 0 6 9 6 0 *